LOS FACTORES
CRIMINÓGENOS
AHORA EN EL
TERRITORIO NACIONAL

LOS FACTORES CRIMINÓGENOS AHORA EN EL TERRITORIO NACIONAL

AURELIO RODRÍGUEZ TAPIA

Número de Control de la Biblioteca del Congreso de EE. UU.:		2012903886
ISBN:	Tapa Dura	978-1-4633-2229-8
	Tapa Blanda	978-1-4633-2228-1
	Libro Electrónico	978-1-4633-2227-4

Este Libro fue impreso en los Estados Unidos de América.

Para pedidos de copias adicionales de este libro, por favor contacte con:
Palibrio
1663 Liberty Drive
Suite 200
Bloomington, IN 47403
Llamadas desde los EE.UU. 877.407.5847
Llamadas internacionales +1.812.671.9757
Fax: +1.812.355.1576
ventas@palibrio.com
399059

INDICE

INTRODUCCIÓN

En mi calidad de exagente de policía judicial federal, exagente federal de investigación de la AFI dependientes de la PGR y exsubdirector general de policía de un municipio de SLP, adquirí experiencia en el desempeño policial investigador y directivo, observe como interactúa la sociedad con su modelo de administración e impartición de justicia, el estira y afloja de la ley, al no poder el gobierno cumplir con todas o las principales exigencias de la sociedad y como de acuerdo a las zonas con mayor prosperidad, zonas de usos y costumbres, zonas indígenas serranas, zonas fronterizas, industriales y portuarias, se sigue eligiendo a las autoridades de forma, que si no les van a poder cumplir los compromisos sociales, los dejen en paz con sus negocios no de todo legales, pero que benefician a grandes sectores de la sociedad de esta manera el empresario cuestionado, tiene de su parte una porción de la sociedad que le permite y apoya para que maneje grandes empresas. El pueblo, al comprobar que nuestros gobernantes, aun no pueden cumplir cabalmente con todos los requerimientos de la sociedad y por lo tanto se ve obligada la autoridad a tolerar situaciones ilegales del pueblo, que las nuevas generaciones se acostumbran a verlas y se contagian de la criminalidad, que en la practica la ley no se hace valer y por lo tanto el aumento de la delincuencia juvenil se encuentra en su punto mas critico.

PROLOGO

El comienzo de un malestar, que amenaza con terminar fatal, como se perdió la paz en la republica.

Una serie de sucesos y errores en materia de seguridad publica, la recesion económica, muchos jóvenes, pocas oportunidades de trabajo para ellos, la globalización, el profundo abismo de las clases sociales, producto de una parte del neoliberalismo faccioso, nadie fue la excepción todos caímos en la vorágine de la delincuencia y no hay autoridad que la contenga, mientras se controla un estado otro se descuida y no hay ejercito ni policía, que alcance para cubrir todas las necesidades de seguridad publica, las fronteras complican las cosas, el protagonismo y acoso del gobierno federal en materia de seguridad publica, hacia los estados no da confianza ni libertad de acción a las policías municipales y a sus representantes políticos, muchas veces por obvias razones, todo esto retarda para que se consoliden y se hagan fuertes las instituciones de prevención y procuración de justicia, muchas restricciones para los policías y ejercito, bastantes privilegios para sus jefes los políticos, por lo pronto continua la batalla entre bandas, que se reparten los territorios de la nación para sacarle provecho a sus actividades ilícitas, aun no se avizora una salida al problema, como, que harán los políticos con el ejercito en las calles, lo dejaran o retiraran, como controlaran el trafico de sustancias prohibidas, hablo de control únicamente, erradicarlo es prácticamente imposible, dado que somos el principal suministrador de drogas hacia E U y Europa, que harán para controlar la delincuencia del fuero común, digo no es suficiente combatirla, si no que oportunidades de vida van ofrecer los políticos, para alejar a los jóvenes y gente productiva de la delincuencia, decencia señores políticos, eso esperamos de ustedes, mucha decencia y bilateralismo en sus ideas, para no quedar aislados en el problema de la violencia, porque después por allí y allá, se oyen voces intervencionalistas y allí si vamos a perder mucho, por haber deteriorado el control de nuestras políticas interiores.

El aumento de la criminalidad.

Lo que pretendo con los siguientes relatos, argumentos, observaciones y experiencias es poner en perspectiva al lector el problema de la criminalidad en el territorio nacional, es un criterio generalizado, no se pretende molestar a nadie ni estigmatizar a las personas, mucho menos atacar sus derechos humanos, la intención es que afrontemos nuestros problemas de manera positiva y si nos equivocamos, pues a enmendar errores rápidamente y no vivir con ellos.

El aumento o disminución de la violencia viene determinado cada año por las diferentes condiciones del medio físico y social, combinado con los instintos hereditarios y con las presiones eventuales de los sujetos, el deterioro del tejido social y de nuestro sistema político, permitió que unas pocas personas vivan bien y muchas vivan mal, un comportamiento antisocial o una conducta delictiva obedece a un aprendizaje deficiente de las normas sociales actuales, el proceso progresivo de socialización de las personas, incluye el desarrollo de respuestas condicionadas negativamente de nuestro sistema penal y judicial, que inhiben la tendencia a realizar actos antisociales debido al miedo a ser castigados o reprendidos, pero debido a la corrupción y manipulación de nuestro sistema de justicia, las personas simplemente le pierden el miedo al sistema judicial, al saber que es vulnerable, flexible y corrupto, tomando como modelos de aprendizaje negativos a personajes intocables de nuestra sociedad, la cual por su descomposición contiene los factores criminógenos de los delitos, que se van cometer, ya que graduó en la escuela del crimen, delincuentes y los culpables son solamente la mano ejecutora que los llevan a cabo, claro siempre y cuando sea identificado y atrapado por la ley, la criminalidad puede bajar, si los orígenes sociales que la engendran cambian o se innovan.

En el territorio nacional, la inseguridad de la creciente violencia obedeció a que desde el año de 1996 al 2006 se relajo el control de las drogas, que transitaba por el territorio nacional, la droga que llegaba de Asia y Sudamérica rumbo a EU y Europa, prácticamente tenia vía libre, los carteles se fortalecieron y comenzaron a querer dominar territorios de otros carteles, en ese periodo también se mantuvo a la alza el cultivo de marihuana(THC), opio y la manufacturación de la efedrina china(ephedra histachya), para producir metanfetaminas(ice, cristal, cocaína sintética) en el territorio nacional también se producen hongos alucinógenos (psilocibina), cactus peyote alucinógeno (mezcalina), que atrae a otra clase de narcoturismo a este país, que por supuesto deja buenas ganancias, así que mucho territorio nacional, por décadas se vio beneficiado con la producción y trasiego de drogas, muchos campesinos de la costa del pacifico y meseta central, casi por usos y costumbres tenían que sacar mínimo una cosecha de temporal de marihuana o unos kilos de goma de opio para poder sobrevivir todo el año, aventarse el viaje hasta la frontera o venderle a un intermediario, claro con todos los riesgos que esto implica, otros traficantes por años se movieron independiente, es decir no pertenecían a ningún cartel, para nada les interesaba la violencia, solo el negocio de las drogas, otros se dedicaban únicamente al narcomenudeo, había cierto equilibrio entre traficantes de drogas y la policía judicial federal, que ejercía control sobre ellos, pero la PJF fue desmantelada, creándose la AFI la cual tenia muchas acotaciones, que no le permitían hacer investigaciones en caliente o sobre el terreno, léase retenes, volantas, recorridos de vigilancia, revisar personas o automóviles, por actitudes nerviosas o sospechosa, claro con investigación o con orden ministerial o acompañado con un ministerio publico, claro que podías operar e investigar, pero se antojaba a mucha burocracia y fugas de información, con tan pocos ministerios públicos para atender las agencias, les era prácticamente imposible acompañar a la policía a investigaciones técnico-operativas o en caliente como se estilaba, por lo que la policía federal de investigación AFI, solo se concretaba a cumplir ordenes de investigación y mandamientos judiciales, dejando el trabajo de campo a la Policía federal de caminos de la SCT, posterior PFP y Ejercito con sus clásicos retenes, a la fecha la AFI continua casi congelada con poco personal y con escasa notoriedad.

La conducta criminal.

Hace referencia a cualquier acción que viole las reglas sociales o vaya contra los demás con independencia de su gravedad, la forma en la que se conduce un ciudadano ante sus semejantes habla de su educación, la formación temprana de que le instruyeron sus padres, la protección brindada en sus primeros años de vida, que le reforzaron su autoestima y seguridad para su buen comportamiento, No obstante algunas conductas antisociales pueden darse en el transcurso normal del desarrollo del menor, para desaparecer posteriormente de forma súbita o progresiva, mientras que otras malas conductas pueden persistir hasta llegar a convertir al joven en un criminal, un peligro para la sociedad, la pobreza es un factor criminógeno, la criminalidad encuentra campo fértil, donde la población tiene muchas demandas sociales incumplidas y los gobiernos utilizan esta gente solo para acceder al poder con sus demagogias, claro la criminalidad siempre prosperara donde prevalezcan suficientes factores criminógenos y no distingue clases sociales, porque aun con buen factor ambiental, los factores individuales, biológicos y genéticos, se presentan por herencia en las personas y hay quien puede inhibirlos y ejercer autocontrol, por respeto a la sociedad y habrá quien le de rienda suelta a sus instintos como agresores, desordenes emocionales, adicciones, el hedonismo y la violencia en su mas pura expresión, estos comportamientos y predisposiciones pueden ser frenados y amortiguados en los primeros años de vida del menor en el seno de la familia y escuela.

Una conducta delictiva es cuando falla el aprendizaje de las normas sociales de un territorio, cuando las estadísticas criminales arrojan datos de nuevas formas de delinquir que han surgido y con mas violencia, hablamos que a fallado el sistema político y social del territorio, aun así e visto el esfuerzo de padres, maestros y a la autoridad batallar con niños y jóvenes, para enderezarlos de una mala conducta como drogas, robar y agredir, hay veces que las medidas inhibidoras de la conducta sirven o al menos ya no se dan con tanta frecuencia, pero hay casos de niños y jóvenes problema, que pues hasta la autoridad se rinde y solo lo vigila a modo de prevenir, que cometa un delito grave y eso si lo logra, porque después nos enteramos que nuestro joven vecino delincuente fue muerto o detenido, por la comisión de un crimen y podemos decir que nuestro sistema, esta fallando cuando el porcentaje de muertos y detenidos es muy alta en jóvenes con promedio de 19.5 años de edad, claro hay quien dice que estamos bajos en nuestro promedio criminal de las ciudades mas violentas del mundo, pero mejor hay que avanzar en todos los frentes, para un día medir nuestro promedio de criminalidad con las ciudades mas decentes del mundo.

Entre las predisposiciones de la carrera delictiva de las personas se encuentran el inicio temprano de conductas difíciles o problemáticas como robar, mentir, las agresiones, obstáculos para todo, hiperactividad solo a su conveniencia, consentidos, malas relaciones con los padres, falta de supervisión de las actividades propias del menor, problemas para relacionarse afectivamente con los demás, contagiado por padres antisociales, desmotivación con la escuela.

Perder el control, loose control.

No todos los niños con problemas de conducta se convierten en adultos antisociales, pero la mayor parte de los adultos con personalidad antisocial fueron antisociales en su etapa infantil, el adulto antisocial generalmente falla en mantener relaciones íntimas con otras personas, su desempeño laboral es deficiente, está implicado en conductas ilegales, tiende a cambiar sus planes impulsivamente y pierde el control en respuesta a pequeñas frustraciones o definitivamente no tiene tolerancia a la frustración.

El sujeto cuando era niño tendía a ser intranquilo, impulsivo, sin sentimientos de culpa, chico malo en la escuela y malas calificaciones, se fugaba de casa, era cruel con los animales y cometía actos delictivos, donde el delinquir era un mecanismo más en su estilo de vida contra las normas, los desordenes de conducta agrupan a aquellos menores que evidencian un patrón de conducta antisocial persistente, caracterizado por una desadaptación generalizada en su funcionamiento diario y por la violación reiterada de los derechos de los demás y de las normas sociales propias de su edad, la conducta agresiva en la mayoría de los niños esta se ha presentado y han cometido algún pequeño delito en algún momento de su vida, sin secuelas que llegaran a perjudicarlos en su vida futura y formación profesional, muchos delincuentes y especialmente los reincidentes, si manifiestan desordenes o trastornos de conducta, ya que revelan de forma tenaz conductas antisociales y un grave deterioro en su arreglo personal y de relaciones personales, este grupo de delincuentes perseverantes, pequeño en número, es además responsable de una gran cantidad de delitos, por esa razón hay que luchar para recuperar la oveja negra del rebaño en su etapa mas temprana y poderla integrar a la sociedad.

la delincuencia suele asociarse y organizarse con otras conductas similares erradas, que también tienen dificultades personales para socializar y la generalización de esta asociación, el nivel, la diversidad de las acciones criminales, incrementan la gravedad y frecuencia de la conducta delictiva, en efecto, hay una aceptación creciente y perceptible en la sociedad, de que la conducta delictiva especialmente cuando ésta es persistente y seria, suele formar parte de una condición significativa y durable, compuesta de múltiples y problemáticas conductas antisociales.

Características del delincuente tenaz, conductas problemáticas y tempranas generalizadas y recurrentes, bajo coeficiente intelectual, conductas delictivas prematuras con arrestos juveniles, delincuente reconocido con antecedentes delictivos familiares, conocimientos de educación inconsistentes, familias con violencia intrafamiliar, carencia socioeconómica, malas calificaciones y abandono de escuela.

Los delincuentes obstinados son impulsivos, no han aprendido el valor de la gratificación demorada y desatienden las consecuencias de sus actos, motivados como están por la búsqueda de la excitación y el placer, la responsabilidad de tareas, derechos y deberes, se halla perturbada en los delincuentes persistentes, quienes son incapaces de esforzarse en un proyecto que requiera de una cierta constancia, tal irresponsabilidad es de índole total y persistente, afecta a toda la vida del delincuente así como la de sus amigos, familia, trabajo.

Muy importante el apoyo a la niñez y a las madres solteras para lograr buenos ciudadanos.

La importancia del apoyo en la educación y cuidados del menor.

una exposición elevada y persistente a estresantes psicosociales y biológicos en la niñez y adolescencia, junto con aspectos adicionales del desarrollo, pueden predisponer a que surjan disfunciones psíquicas, emocionales y sociales en la vida adulta, pero se a observado en la existencia de personas adultas que a pesar de tener una infancia sumamente perjudicial, superaron con éxito las presiones y el estrés de vivir en zonas de riesgo, los sujetos que no han desarrollado una actividad criminal a pesar de condiciones de vida desfavorables, es porque contaron las familias con conflictos internos con una persona cercana, que apoyo y cuido al menor, en los momentos mas difíciles de su infancia, donde poseen un alto índice de riesgo al disponer de detonadores, clave de la delincuencia, contando el menor con apoyo moral y físico de un padrino o madrina o tíos, abuelos, amigos, que protegieron a los menores de la violencia y a no convertirse en delincuentes, el joven que no se contagio de mañas delincuenciales, se debió a la existencia de una serie de factores individuales y ambientales, que funcionan como tutores efectivos, ante la presencia de eventos severos acumulativos y situaciones estresantes de vida del menor, los factores en el ambiente que contribuyeron a inmunizar al niño ante el estrés y la miseria son poca familia, la presencia de los padres en los primeros años de vida del menor, la ayuda de otras personas capaces de cuidar al niño en el hogar como abuelos, tíos y vecinos de confianza, que cumplan un importante trabajo de cuidados y educación, que se vera reflejado en el futuro de los menores resistentes a las situaciones de estrés, las cuales, la dura experiencia les enseñó a que podían modificar el resultado de las cosas, que los esfuerzos constantes, tenía un valor y una recompensa, que podían mirar al futuro con esperanza; factores todos ellos, que garantizaron la transición hacia la vida adulta.

Los eventos externos e internos más estresantes e importantes de su niñez y adolescencia, tales como pobreza, enfermedad, escolaridad, ausencia parcial o total de los padres, esquizofrenia de algunos de los padres, abismos sociales, falta de cariño, miedos, peligros o humillaciones, muchos adultos que no se contagiaron de la criminalidad y que sobresalen de los barrios pobres o con altas tasas de delitos, fueron criados únicamente por su madre pero contaron además con una persona de confianza estable, disponible y cariñosa, lo cierto es que a menudo la ausencia del padre y con ello el fin de peleas continuas y conflictos entre la pareja, puede tener un efecto positivo en la evolución del menor, resalta el apoyo constante y cálido del cuidado del menor por parte de una persona de confianza fiable, solícita y amistosa, como una de las bases más importantes para el desarrollo sicológico de todo ser humano, principalmente si su infancia se ha caracterizado por pautas psicosociales de necesidades, la delincuencia es un fenómeno temporal en el desarrollo del adolescente, debido a los factores de inseguridad, por lo cual se debe procurar los factores protectores del menor y de esta manera prevenir las carreras delictivas más tenaces y violentas.

Factores criminógenos, el origen, causa de los delitos y porque se cometen los delitos en el territorio nacional.

Las causas o factores que producen la delincuencia, las personas que delinquen lo hacen bajo la influencia de diversos factores, unos endógenos como los individuales, biológicos, genéticos y otros exógenos como los sociales, ambientales, culturales.

Los factores criminógenos son el ambiente contaminado, en el que se ve introducido el sujeto a través de cierto periodo, el lugar y las circunstancias, hasta que en un momento dado uno o varios de esos factores criminógenos terminan afectando al individuo, tomando la decisión voluntaria y libre, que produce el paso al acto punible, los factores pueden interactuar entre sí e influir o afectar a determinadas personas y a otras no y o tener efectos negativos solamente en ciertas situaciones u ocasiones, algunos pueden incluso actuar de forma ambivalente provocando delitos o bien por el contrario, evitando que se produzcan, un ejemplo los famosos matazetas, más factores criminológicos acumulados sobre un individuo o una sociedad, mayores posibilidades de incremento de la criminalidad individual o colectiva.

El crimen al ser un comportamiento social, puede ser un comportamiento imitado y dependiendo del lugar donde se desarrolle, podrá ser objeto de una moda o convertirse en una costumbre, en una tradición que se transmite, desde un punto de vista de la zona geográfica donde surge el fenómeno criminal con la estructura social en la que se desenvuelve y en función del ambiente que la rodea.

Principales factores criminógenos en el territorio nacional, donde los crímenes están a la alza.

Los instintos de cada individuo, tendencia hereditaria, instintiva hacia la agresión violenta, herencia de nuestros antepasados, trastornos de la personalidad que generan variados tipos de psicópatas como inteligentes, fanáticos, crueles, violentos, explosivos, desalmados, vengativos, explotadores, manipuladores, entre ellos se encuentran los criminales más peligrosos.

las conductas antisociales, suelen ir unidas al abuso de alcohol y drogas; causan agresiones criminales graves y violentas, personalidades antisociales con sentimientos hostiles, psicópatas que están dominadas por estados psicológicos negativos con sentimientos obsesivos contra una o varias personas; muestran agresividad, odio, venganza, crueldad, envidia, rencor, intolerancia, resentimiento, imprudencia, que les lleva con frecuencia a cometer actos punibles.

Las enfermedades mentales, esquizofrenia, psicosis, locura maniaco-depresiva, encefalitis, epilepsia, paranoia, neurosis, fobias, lesiones cerebrales, oligofrenias, demencias por alcohol o drogas, trastornos hormonales, alto nivel de testosterona, descargas de adrenalina, constitución física, los mesomorfos o atléticos suelen ser más agresivos, con mayor número de delitos violentos y pasionales

La edad en el país cuando se cometen más delitos es entre los 11 y los 39 años, el sexo, cometen más delitos los varones 85%, que las mujeres 15%, también los "modus operandi" y las motivaciones suelen ser diferentes en cada sexo e imprimadas con características personales como impulsos agresivos y perversiones sexuales, sadismo, pederastia, desilusiones amorosos, celos, complejos de inferioridad o superioridad, falta de valores morales y sentimientos altruistas.

la influencia de la familia con mala educación o familia con costumbres delincuenciales daña a los niños en su primera etapa; falta de transmisión de valores sociales y morales; padres delincuentes, desequilibrados mentales, alcohólicos o drogadictos; malos tratos y abusos sexuales en la infancia; abandono del padre o la madre; hijos naturales, orfandad, hijos fuera del matrimonio, internamiento en reformatorios, hermanos delincuentes, indiferencia o carencia afectiva, conflictos familiares, malos tratos a la mujer, divorcio, mala educación y sistema escolar deficiente, excesiva disciplina o sobreprotección, vigilancia deficiente.

La cultura familiar contra la ley y el orden como grupos étnicos, racistas, xenófobos, separatistas, terroristas, criminales, cultivadores de estupefacientes, religiosos, fanáticos, maduración infantil temprana y obligada; falta de medios económicos, abusadores, pobreza, huelgas, casas de madera y cartón.

La mala educación escolar o contraria a las necesidades del educando con respecto a su territorio, bajo nivel de conocimientos por inasistencia a clase, falta de disciplina y mala calidad de formación en las aulas; agresiones a las escuelas, sociedad y profesores de alumnos porros; adoctrinamiento político o religioso extremista, inculcando la falta de solidaridad y el odio hacia personas o ideas de otras culturas como racismo, xenofobia, elitismo, discriminación lingüística.

La adolescencia, las crisis y alteraciones psicofísicas y hormonales de la pubertad y el desarrollo causan, mayoritariamente en los varones, inseguridad, ansiedad e inestabilidad emocional, actitudes de protesta y rebeldía, rechazo e inadaptación a los modelos socioculturales, complejos, torpeza afectiva, irritabilidad y alteraciones del comportamiento. Si a ello se unen otros factores negativos como consumo de alcohol y drogas, fracaso escolar o laboral, bajo nivel cultural, influencia de amigos delincuentes, pertenencia a bandas, pandillas marginales o a sectas o grupos políticos radicales, vagabundeo, prostitución, precocidad sexual, puede llevar a comportamientos desviados antisociales, agresiones violentas, vandalismo, delitos sexuales, robos, la mayoría de los delitos del fuero común, están protagonizados por estos delincuentes juveniles.

La manía de la cleptomanía, es un trastorno psicológico que impulsa al hurto irracional e irresistible de objetos sin necesitarlos y sin que importe su valor económico; más frecuente en mujeres con depresión, ansiedad, anorexia, bulimia.

La piromanía suele afectar a sociópatas con impulsos incendiarios, enfermos mentales delirantes, retrasados mentales, alcohólicos.

El alcoholismo, vicio etílico, embriaguez patológica; llevan a estados de confusión mental, enajenación y alucinaciones por "delirium tremens", pasión por la bebida alcohólica, que causan delitos violentos graves, accidentes.

el tráfico y consumo de drogas, dentro de los efectos negativos del consumo, algunas de las substancias son especialmente criminógenos como la cocaína, las metanfetaminas y marihuana; las crisis del síndrome de abstinencia obligan al toxicómano sin medios económicos a buscar dinero a través del delito o la prostitución; las drogas son factores criminógenos de primer orden, el 45 al 75% de los delitos cometidos, personas detenidas y sujetos procesados en un centro de reclusión, están relacionados con las drogas, directa o indirectamente.

el tráfico ilegal de armas de fuego, miles de armas portátiles como pistolas, fusiles, granadas, entran al territorio nacional, potenciando a mafias, movimientos guerrilleros, redes de delincuencia, la venta, el descontrol y el contrabando de armas causan miles de muertes, asaltos, narcoterrorismo, robos.

La prostitución y trata de blancas, además de transmitir enfermedades como sida, sífilis, hepatitis, son origen de secuestros, tráfico de mujeres y menores, violaciones, homicidios, robo de órganos, extorsiones, abortos y fomentan el alcoholismo y las toxicomanías; por otro lado la prostitución es un mal necesario, al dar salida a los impulsos sexuales, evita violaciones y ataques sexuales.

La adicción los juegos de azar, más frecuente en varones; las deudas de juego suelen originar hurtos, apropiaciones, amenazas, últimamente el crimen organizado a extorsionado con el cobro de piso a decenas de centros de apuestas.

la pobreza, hambre, miseria, indigencia, marginación, mala distribución de la riqueza, crisis y carencias económicas, carestía de la vida, desigualdad de oportunidades; falta de medios de vida legítimos, desempleo, huelga, falta de trabajo, trabajo chatarra, explotación laboral, falta de aprendizaje, actitud negativa hacia trabajo, paros intermitentes, conflictos laborales, entre el 40-70% de los delincuentes no tienen trabajo, ni medios económicos.

las virulentas viviendas de madera y cartón en barrios marginales, vida en el campo donde los campesinos tienen sus casas, chozas o rancherías en sus parcelas algunos en total aislamiento, espacio insuficiente y alquiler caro en las ciudades, analfabetismo, ignorancia, fracaso escolar, educación deficiente, a creado un factor criminógeno, no de delincuencia común si no de delincuencia profesional que ahora abusa de este sector, donde encuentra recurso humano para las actividades criminales y también los políticos abusan de este sector de gente menos agraciadas, para escalar en el poder, que no conocen sus derechos y las obligaciones que tienen los gobiernos para con ellos.

la corrupción, reclutamiento, reproducción y operación, exaltación o imitación de modelos criminales, mediante un proceso de socialización e interactuación con otras personas o grupos delictivos como familiares o grupos de amigos delincuentes, estancia en prisión, bandas, el delito es una consecuencia de la frecuencia, duración e intensidad del contagio y el aprendizaje.

El conocimiento y valores culturales o subculturales diferentes o contrarios a los de la sociedad predominante; la criminalidad puede ser una reacción ante estructuras socioculturales no aceptadas; ciertas personas fracasadas rechazan la cultura oficial y se integran en una subcultura delincuente.

El adoctrinamiento, exaltación de ideologías políticas o religiosas fanáticas, que lleva al odio, discriminación y ataques hacia poblaciones de raza o ideología diferente, racismo, xenofobia, discriminación hacia extranjeros o personas de otras razas, creencias o costumbres; explotación de inmigrantes pobres o en situación ilegal.

El crimen organizado, influencia de organizaciones criminales profesionalizadas, mafiosas o terroristas; asociación entre delincuentes comunes o grupos criminales o carteles; influencia de estos delincuentes en la política y la justicia; corrupción y presión sobre determinados funcionarios y gobernantes fomentando su inhibición y complicidad y demás asociaciones con los grupos de poder.

la emigración no controlada ; la excesiva permeabilidad de las fronteras, el turismo masivo, la falta de un control más riguroso de los extranjeros permite el paso de delincuentes internacionales así como la penetración de toda clase de tráficos ilegales como drogas, armas, divisas, obras de arte y el asentamiento de culturas fanáticas y costumbres antisociales.

La desigualdad e injusticia social, inadaptación y frustración social, por el contraste riqueza frente a la pobreza; el hedonismo, las tentaciones de la sociedad de consumo insatisfechas generan stress, agresividad e impulso de conseguir los logros a través del delito en vez del trabajo.

La ambición de poder, dominio, codicia, afán de lucro, riquezas y avaricia de las círculos dominantes; corrupción e impunidad de la alta delincuencia financiera o política; la dominación e injusticia generan resentimiento y frustración.

La explotación y extracción de recursos naturales como minas, tierras de cultivo, zonas de playas de determinadas zonas en complicidad con ciertos líderes políticos corruptos, dejando empobrecida a la población.

Los conflictos por intereses económicos, préstamos usureros, deudas, problemas de límites, herencias, falta de leyes que facilitan el lavado de dinero y tráfico de divisas, el problema del lavado de dinero es que aniquila a los pequeños competidores con capital legal que nada puede hacer con la competencia desleal de grandes inversiones que terminan llevándolos a la quiebra o a cerrar.

las influencias de la víctima del delito; la víctima es atacada si es objetivo fácil, si hay indefensión de los grupos vulnerables como niños, ancianos, mujeres, personas desvalidas, enfermos mentales, incitación voluntaria o involuntaria de la propia víctima ; actitud, aspecto físico, sexo, exhibicionismo, obrar por venganza, simular ser víctima de un delito; provocar una situación de legitima defensa para poder atacar y no ser consignado por el m. p.; cometer fraudes a las aseguradoras, fingiendo un delito como incendios y accidentes; a veces la víctima colabora con el delincuente.

el incremento de la estadística negra del delito, por no denunciar la víctima: el delito no será conocido ni perseguido y el delincuente quedará encubierto e impune; ello ocurre, a veces, por miedo a represalias, amenazas, desconfianza en la justicia o la policía, en ciertos hechos la estadística negra duplica la estadística oficial

el fichaje o ''quemar'' a una persona como delincuente, no es todo el que infringe la ley, si no sólo el que es fichado o ''quemado'' o estigmatizado como tal, por la policía, sociedad y la justicia; cuando el fichaje es injusto o mal aplicado puede producir una reacción criminógena frente a las normas.

la falta de medidas de seguridad, prevención y vigilancia como patrullas, alarmas, cámaras de vigilancia, controles, falta de rejas, puertas blindadas, cerraduras seguras, iluminación suficiente; facilidades y ocasiones para delinquir, dificultades de control policial en el caos urbanístico de las áreas marginales superpobladas de las grandes ciudades o en lugares de paso, zonas o viviendas aislados, la mayoría de los delitos se cometen en el interior de viviendas y edificios imposibles de detectar y en lugares ocultos o solitarios; la falta de políticas de seguridad eficientes crea temor en el ciudadano para denunciar o testificar.

las leyes penales y procesales inadecuadas ; falta de planificación de una política penal y penitenciaria eficaz, lentitud en los procesos, falta medios para investigar o prevenir, falta de coordinación entre el poder judicial y la administración de justicia, pero mas que nada con la policía, falta de tratamiento de los delincuentes; penalización y medidas de seguridad y escaso control para los delincuentes habituales, reincidentes, las condenas justas aplicadas con agilidad y eficacia reducen la criminalidad al disuadir a los delincuentes potenciales.

Los medios de comunicación al exhibir modelos de conducta o valores positivos y negativos, procedimientos delictivos, actos de violencia, agresiones, a veces tienen una influencia imitativa negativa, por ello existe un potencial atractivo de violencia sobre sujetos predispuestos, como sicópatas, dementes, menores delincuentes.

La actuación policial deficiente, escasez de medios personales y materiales, baja retribución, insuficiente disciplina y supervisión del mando para aumentar la eficacia y evitar la corrupción, falta de especialización y formación, falta de atención a las víctimas y de contactos sociales para aplicar medidas de prevención, intercambio de información y colaboración con los ciudadanos; falta de prevención y vigilancia en zonas de mayor riesgo delictivo, falta de información y control sobre salidas de presos peligrosos o reincidentes en zonas de tráfico de drogas.

Los sistemas penitenciarios corrompidos, que convierten a la prisión en verdaderas universidades del crimen ; prisiones sobrepobladas, con excesivos presos preventivos, procesados, condenados; penalidades desiguales; descontrol, falta de disciplina y tratamiento reformador; ambiente negativo con contagio por contacto con otros reclusos; infraestructura no adecuada para jóvenes delincuentes; explotación de las cárceles por colusiones de presos y custodios, asedio de la mafia sobre los custodios para planificar fugas e introducir drogas a los penales, las prisiones deben cumplir una misión de custodia, aislando a los delincuentes condenados para evitar que reincidan matando o hiriendo a otro recluso, pero también de rehabilitación, tratamiento psiquiátrico, desintoxicación de drogas, formación cultural y laboral, enseñándoles una profesión u oficio técnico para que puedan ganarse la vida cuando salgan en libertad.

La guerra contra el narco y conflictos armados; incrementa gravemente la delincuencia; la guerra, aunque era inevitable, es un mal absoluto, con enormes efectos criminógenos: carnicerías, violaciones, lesiones, mutilaciones, privación de libertad, robo, destrucción de las propiedades, emigraciones forzadas, niños abandonados, enfermedades, desórdenes públicos ; las personas envueltas en alteraciones o disturbios, espontáneos o provocados, de un grupo o concentraciones masivas, pierden en gran parte su autocontrol, y quedan sometidos a las reacciones impulsivas y emocionales de la propia masa; existe una retroalimentación violenta que puede desencadenar excitación, gritos, agresividad y explosiones de violencia, daños, saqueos, incendios y otros delitos graves; con frecuencia los delincuentes aprovechan la confusión y el descontrol para cometer sus delitos personales, como ha quedado de manifiesto en la guerra contra el narco, cuando criminales del fuero común, quieren confundir a la autoridad de sus crímenes culpando a la mafia de ellos.

Los sistemas políticos dictatoriales, opresivos, explotadores o corruptos; falta respeto a las libertades y derechos humanos; imposición coactiva y dominante de normas injustas; la inexistencia de una política de libertad, justicia, igualdad y pluralismo político obstaculiza el normal desarrollo de la vida social.

Las corrupciones del sistema judicial provocan ira y venganzas, cuando los funcionarios judiciales, abogados y demás autoridades públicas, actúan en favor de delincuentes, mafias o carteles.

El clima y geografía, en países de climas fríos del Norte predominan los delitos contra la posesiones y en los calurosos del Ecuador, los delitos contra las personas; el calor predispone a acciones agresivas; la tasa delictiva suele aumentar durante los meses de verano.

la influencia delictiva de la grandes ciudades hacia los pueblos y zonas rurales debido a factores tales como superpoblación, exceso de emigrantes, población marginal móvil, desorganización urbana, masificación, departamentos modelo pichoneras, desadaptación social, ritmo dinámico, tensión, stress, gente que vive en el anonimato, relación con gente vulgar, aglomeraciones, contaminación atmosférica, más oportunidades para delinquir en barrios pobres o marginales, hacinamiento, promiscuidad, prostitución, suciedad; atracción de la delincuencia hacia zonas de comercio y grandes almacenes; se producen más delitos en vías de tránsito entre áreas marginales y comerciales, así como en urbanizaciones residenciales, calles mal iluminadas y barrios marginales con vagabundos, borrachos, drogadictos, por ahora la tasa criminal pareciera ser la misma de una ciudad grande con una pequeña, porque se cometen los mismos crímenes en áreas densamente pobladas, que en los municipios en el interior de los estados relacionados con la mafia únicamente, pero siempre habrá mas delitos de todos los ordenes, donde halla megaciudades.

La gran densidad poblacional, a más población más delitos; superpoblación, masificación, caos urbanístico, apiñamiento en calles y transportes, movimientos migratorios descontrolados, desarraigo familiar y social, explosión o desajustes demográficos, población marginal, mayor conflictividad y competencia, inadaptación de los emigrantes, desigualdades, diversidad de usos y costumbres, división de clases, desorganización social, oportunidades para la desviación y la delincuencia, a más población, más agricultura con destrucción de selvas y praderas; la mitad de los bosques tropicales han sido talados para obtener maderas, fabricación de papel, muchas especies animales desaparecen al reducirse su hábitat por la expansión poblacional humana.

el tráfico y saturación excesiva de vehículos, producen contaminación, accidentes con muertes, lesiones, robos de coches, agresividad, ruidos; desplazamiento y congestiones de tráfico; agotamiento, tensión, los autos robados e ilegales son objeto y también medio para cometer delitos, robos, atentados narcoterroristas, homicidios, delitos sexuales.

Los grandes desastres, terremotos, incendios, producen desorganización social y confusión, aumentando las ocasiones para la delincuencia con saqueos y actos de rapiña.

las supersticiones de la gente son aprovechadas por ciertas prácticas de adivinos, chamanes, curanderos, brujos, espiritistas, además de engañar y estafar con sus falsos conocimientos, pueden producir graves perjuicios en la salud o provocar muertes y mutilaciones, conflictos entre personas, exterminio de especies de animales y de plantas para aprovechar supuestos valores curativos.

Como se puede advertir son muchas las circunstancias por la cual una persona pueda ser afectado de un factor criminógeno, los gobierno hacen todo lo posible en todos los frentes como es en seguridad publica, salud publica, educación, programas de erradicación de la pobreza extrema, infraestructura publica, para disminuir, prevenir, combatir, controlar y erradicar los males de la sociedad, para que de esta manera la vida de las personas se mantenga en niveles permisibles de bienestar y no sea tocado, ni molestado en su persona, por los mismos males que emanan de la sociedad un tanto corrompida por sus representantes políticos cuando se equivocan en sus decisiones, mucha veces de manera dolosa cometiendo actos de corrupción, claro gobiernos impuestos por gente que quiere esa clase de gobiernos que les toleren alguna conducta ilícita, pero pienso que hay mas gente bien y con buenas intenciones, que debe de cooperar mas, hacer un lado el miedo y darle un lado a la decencia, claro la gente buena es tolerable, siempre y cuando no se le moleste, se atente contra ella o se le secuestre.

El perfil criminal en la investigación policial.

El perfil criminológico, se define como una evaluación acerca de las características del entorno social y del estilo de vida del responsable de una serie de crímenes graves y que aún no se han aclarado, porque el criminal todavía no es identificado.

El objetivo de este perfil es delimitar las características del presunto culpable para disminuir el rango de posibles culpables y ayudar a la policía calculando y restringiendo las posibilidades de investigación, posibilitándoles al centrarse en los blancos realistas.

Este punto es muy importante, ya que cuando se tratan de crímenes violentos o seriales, la alarma social y las posibilidades de que se vuelvan a repetir los hechos, hacen necesaria actuar con rapidez y detener cuanto antes al asesino.

No obstante, el perfil tiene sus limitaciones, no es una ciencia exacta, está basada en el análisis de la huella psicológica que el asesino deja en sus crímenes y en datos estadísticos recolectado de otros casos y de los datos teóricos aportados por la psicología y la criminología, por lo tanto estamos hablando de posibilidades, en palabras de Robert Ressler (2005), las personas que realizan un perfil buscan patrones e intentan encontrar las características del probable autor, se usa el razonamiento analítico y lógico de que, quien como cuando, donde y porque.

El uso de la psicología para combatir y estudiar el crimen debe estar relacionado desde el inicio mismo de ésta, sin embargo, ha sido relativamente reciente en el tiempo la intención de algunos expertos de elaborar una metodología más o menos sistemática que nos ayude a capturar a criminales usando las aportaciones que la psicología nos brinda.

Esta metodología ha estado basada principalmente en la creación, desarrollo y uso de técnicas clasificatorias y de etiquetajes del delincuente criminal, teniendo inicialmente como principal objetivo la captura del criminal.

El acopio de datos ha posibilitado un estudio más en profundidad, que ha dado lugar a diversas teorías psicológicas del crimen, teorías que tratan de explicar el hecho criminal al igual que hace con cualquier patología mental.

El perfil psicológico del criminal queda establecido como técnica de investigación policial para resolver los casos difíciles, se crea la Unidad de Ciencias del Comportamiento en el FBI, unidad especializada en el diseño de este tipo de perfiles. Agentes del FBI se preocupan por este tema y se van especializando, entre ellos Robert Ressler, Ressler entrevistó a cientos de criminales violentos en las cárceles, analizó y sistematizó toda esa información en el Proyecto de Investigación de la Personalidad Criminal, creado por él mismo y empezaron a documentar ciertos patrones y comportamientos de asesinos. Una de sus mayores aportaciones fue la del término de "asesino en serie" y su clasificación de asesinos en serie.

Asesinos en serie Organizados o metódicos: Muestran cierta lógica en lo que hacen, no sufren trastornos mentales que puedan explicar en parte lo que hace, planifican sus asesinatos, son premeditados y nada espontáneos, suelen tener inteligencia normal o superior, eligen a sus victimas y las personaliza para que exista una relación entre él y su presa.

Asesinos en serie no Organizados o predecibles: Sus actos no usan la lógica, suelen presentar trastornos mentales que se relacionan con sus aberrantes actos, tales como la esquizofrenia paranoide. No selecciona ni elige a sus victimas, ya que sus impulsos de matar le dominan tanto que improvisa, actúa espontáneamente y con una mayor carga de violencia y saña sin ningún mensaje, su deterioro mental hace también que no se ocupe de la escena del crimen ni haga nada especial para no ser detenido, no quiere relacionarse con su víctima, solo destruirla.

Esta clasificación es actualmente usada en el desarrollo de perfiles, aunque en muchas ocasiones no existen los asesinos organizados o desorganizados puros y son más mezcla de ambos, no obstante la división sí ha resultado fructífera y de gran ayuda a la hora de perfilar un asesino ya que dentro de su clasificación, las características que describen a uno y a otro tipo de asesino si tiene una gran consistencia estadística, los términos de organizados y desorganizados son, como dice Ressler, de fácil uso para los policías porque se escapa un poco de la terminología psicológica y médica.

A partir de las aportaciones del FBI, la técnica del Perfil criminal ha ido evolucionando y adoptándose por otros cuerpos de policía de otros países. Además, se han creado diversas titulaciones académicas, agencias y organizaciones privadas encargadas de realizar perfiles criminales.

Aunque no hay y posiblemente no haya un sistematización absoluta de esta técnica, es en gran parte como dice R. Ressler es un arte, el perfil ha quedado incluido como una técnica de investigación criminal.

Ámbitos de aplicación del perfil criminológico.

Generalmente, el uso del perfil criminológico se restringe generalmente a crímenes importantes tales como homicidios y violaciones, las características de estos hechos hace que la policía deba trabajar a marchas forzadas, para resolver estos casos, cuando se trabajan en homicidios donde el culpable es un desconocido para la víctima, el perfil puede ayudar a dar luz sobre el crimen y encaminar a la policía en sus investigaciones.

Cuando se quiere evaluar la posibilidad de relacionar varios homicidios, realizar un perfil sobre el autor de los asesinatos puede ayudar a determinar si estamos ante un asesino en serie o ante asesinos aislados, en otras ocasiones, el perfil ayuda a conocer ante qué tipo de personas nos enfrentamos y éste arma puede usarse antes de su captura, provocando por ejemplo al agresor en los medios de comunicación, y después de su captura, preparando los interrogatorios.

Otro ámbito de aplicación del perfil es su función teórica, en cuanto a que el análisis y evaluación de casos sirven para aumentar el conocimiento que se tiene sobre la propia técnica y sobre el hecho criminal.

Tipo de perfiles criminales.

Perfil de delincuentes identificados o método inductivo.

este método se basa en el estudio de casos para, a partir de ellos, extraer patrones de conductas característicos de esos delincuentes, se desarrolla básicamente en el ámbito carcelario, mediante entrevistas estructuradas o semiestructuradas, aunque también se suele usar como fuente de información las investigaciones policiales y judiciales, el estudio de presos se complementa con entrevistas a personal carcelario a su cargo, así como parientes y cualquier persona que pueda dar información relevante respecto a esta persona.

Robert Ressler, dentro del proyecto de Investigación de la Personalidad criminal entrevistó, junto a colaboradores, a cientos de criminales violentos por todas las cárceles de EE.UU. Según su experiencia, las entrevistas a criminales solo tienen valor si aportan información útil para la policía sobre su personalidad y sus acciones, para ello, el entrevistador debe ganarse la confianza y el respeto del entrevistado. (R.Ressler, 2006), una característica a tener en cuenta a la hora de elegir a los entrevistados es que ninguno de ellos pueda ganar nada por el hecho de participar en la entrevistas, ya que esto podría sesgar sus respuestas

Perfil de delincuentes anónimos o método deductivo.

Este método se basa en el análisis de la escena del crimen en cuanto a sus evidencias psicológicas para que pueda inferirse el perfil del autor de ese crimen, en este método se intenta pasar de los datos generales a los particulares de un único individuo, para ellos se analiza la escena del crimen, la victimologia, pruebas forenses, características territoriales, emocionales y motivacionales del agresor, para la realización de este perfil se tiene en cuenta los datos aportados por el método inductivo.

Ejemplificar..........en la escena del crimen aparecen 20 cuerpos apilados, abandonados en la vía publica, en lugar emblemático de la ciudad, no hay testigos presenciales, el clima de inseguridad manda a las personas acogerse muy temprano a sus casas, los cuerpos a simple vista se observan con golpes, no se observan heridas expuestas por tortura, se observan amoratados, como asfixiados, por sus ropas se puede prestar atención, que no todos pertenecen al mismo nivel social, entre los muertos se han identificado de entrada dos policías, tres menores viciosos, dos personas decentes, un narcomenudista los demás será en el departamento de dactiloscopia y el servicio forense, que determine la identificación y certifique los ya reconocidos, se puede decir de este hecho que se pretendió hacer una limpia de criminales de la ciudad e involucrados con ellos, pero quien la izo?, algún nuevo cartel que quiere ocupar la ciudad o alguna venganza o los famosos matazetas o fue el ejercito o la policía ante la impotencia de obtener pruebas, detener y enfrentar a la delincuencia en los juzgados en los procesos penales, donde los representantes del orden tienen que dar cara sin pasamontañas, porque en ese punto serán identificados plenamente por el criminal y estarán en peligro junto con su familia. Bueno es un ejemplo, ya en una situación verdadera, vas descartando posibilidades, para entender el mensaje del actor intelectual del crimen.

Metodología del perfil.

Para la elaboración de un perfil criminal es necesario el análisis y evaluación de estas fuentes: escena del crimen, perfil territorial, modus operandi y firma del asesino y victimologia.

Escena del crimen.

La escena del crimen es, como su nombre indica, el lugar que el asesino ha elegido para matar a su víctima, las escenas pueden ser varias si el asesino ha usado varios lugares desde que atrapa su víctima hasta que la deja, puede atraparla en un sitio, torturarla en un segundo, matarla en un tercero y trasladarla a un cuarto para abandonarla allí, en cualquier caso, la escena principal es donde la muerte o agresión de mayor importancia y el resto son secundarias, generalmente es en la primaria donde hay más transferencia entre el asesino y su víctima, por lo cual suele ser en la que hay más evidencias psicológicas y físicas.

Es importante por esto la protección de la escena o escenas del crimen, por parte de la policía, que tuvo el primer contacto con la escena del crimen ya que cada pista puede ser clave, además, es necesario evaluar si ha habido una manipulación de dicha escena por parte del ministerio publico que da fe de los hechos o policías con el fin de que no se pierda los indicios – evidencias – pruebas, porque cuando se destruyen o cambian rastros en la escena del crimen, ya no es posible percibir el hecho del criminal y por lo tanto no habrá manera de introducirse en su forma de pensar y actuar para trazar su perfil

Perfil territorial.

Este perfil describe el aspecto territorial donde se desenvuelve el delincuente, sus escenas del crimen, los puntos geográficos de esos crímenes, sus desplazamientos, el terreno en el que actúa, zona de riesgo, base de operaciones, el criminal es un depredador, las personas son trofeo, su territorio es su zona de acecho, al parecer no hay limite establecido de cuantas personas tiene pensado matar.

Este perfil nos dice mucho del mapa mental del criminal, que es la descripción que el delincuente tiene en su cabeza de las zonas geográficas en las que se desenvuelve en su vida, su casa, su calle, su barrio, su ciudad están descritos en la mente del criminal en función de las experiencias que ha tenido con cada uno de esos lugares, nos describe su zona de confianza, su territorio, las zonas de influencia, cómo se mueve y se desplaza por ellas, la comprensión de estos datos nos puede dar información de en qué zona vive, dónde debemos buscarlo y dónde puede actuar.

Como cualquier depredador, éste ataca a sus víctimas en el territorio en el que se sienta seguro, su presa tenga menos posibilidades y pueda huir si es necesario, como cualquier persona, las conductas que requieren intimidad o que pueden provocar cierto estrés, son más fáciles de realizar en terreno conocido que en aquel desconocido que nos provoca inseguridad, para el asesino en serie matar es su objetivo, pero no olvida su sentido de supervivencia que le hace tratar de evitar que le capturen, por eso va a matar en aquellas zonas en las que se sienta cómoda, este hecho puede desaparecer en determinado tipo de asesino en serie, en concreto en los desorganizados, en lo que su sed de muerte se produce por impulsos y no tiene tanto control sobre ese aspecto, generalmente, su deterioro mental también hace que no planifique tanto sus crímenes, por otro lado, ese deterioro mental hace que no sea capaz de desplazarse a grandes distancias para buscar a su víctimas ni para acabar con sus vidas, por lo que también actúa en su zona geográfica.

El estudio de casos ha mostrado que en la mayoría de los asesinos en serie, sus primeros actos se realizan cerca del lugar donde reside o trabaja y posteriormente se van alejando a medida que van adquiriendo seguridad y confianza, cuando decimos cerca del lugar donde vives es una cercanía relativa ya que el asesino tampoco se va a exponer a ser reconocido actuando en lugares muy próximos a su hogar y en el que las posibles víctimas y testigos puedan conocerlo.

Un tipo de asesino, el viajero, rompe esta regla en cuanto a que prefiere viajar lejos de su zona habitual de residencia para matar, este tipo de sicario es el clásico que contrata el crimen organizado en el territorio nacional.

Modus operandi y firma.

El modus operandi es el método que usa el asesino para llevar a cabo su crimen, describe las técnicas y las decisiones que el asesino ha tenido que tomar, de esta evaluación sacamos información sobre cómo mata nuestro asesino y qué características psicológicas se pueden deducir de este método si es planificador, inteligente, profesional, descuidado, perfeccionista, sádico.

El modus operandi, al contrario de la firma, puede variar a lo largo del tiempo, porque las habilidades, pueden aprenderse o mejorar o menguarse con los crímenes posteriores.

El modus operandi tiene naturaleza funcional y tiene tres metas: proteger la identidad del delincuente, consumar con éxito la agresión y facilitar la huida.

Por lo que se refiere a la firma, ésta es el motivo del crimen, el por qué, refleja la razón por la que el asesino, hace lo que hace, nos da una información más profunda ya que nos presenta qué quiere decir con el crimen y más psicológica puesto que nos habla de sus necesidades psicológicas, el asesino mantiene su firma estable a lo largo de su carrera criminal, por lo que, aunque cambie su modus operandi podemos relacionarlo por dicha firma.

Esto no quiere decir que físicamente la conducta o conductas que describen la firma del delincuente no puedan cambiar, el aspecto profundo de la firma no cambia, la ira, venganza, sadismo permanece inalterable, pero la forma de plasmarla puede evolucionar, incrementar, disminuir o menguarse en función del propio desarrollo de la motivación a la que representa.

Victimologia.

La víctima tiene una importancia crucial puesto que es la protagonista del hecho criminal, presencia el crimen en primera persona, sobre ella recae el acto criminal y se representan el modus operandi y la firma del asesino, si la víctima sobrevive puede aportar mucha información de primera mano acerca de su agresor y de sus circunstancias, si ésta fallece es necesario realizar una autopsia psicológica, en esta autopsia se tratan de recoger varios aspectos personales y sociales de la víctima, es necesario reunir una serie de información respecto a su domicilio, educación, estado civil, aficiones, situación económica, temores, hábitos, enfermedades, amistades, trabajo.

De toda esta información se desprende primariamente una clasificación de la víctima en cuanto al riesgo que suponen para ser agredidas, en este caso hablamos de víctimas de bajo y del alto riesgo, como es lógico, las víctimas de alto riesgo tienen una mayor probabilidad de ser atacadas y además de no suponer muchos problemas para sus atacantes.

Por otra parte, el estudio y análisis de la víctima nos da información de cómo su asesino se relaciona con sus víctimas, lo que nos proporciona una huella psicológica importante para realizar el perfil, en un crimen hay dos protagonistas, el asesino y su víctima, entre ellos hay una relación, el asesino usa a la víctima para narrar su historia, para satisfacer sus fantasías personales pero también para dejar constancia de su relación con el medio que lo rodea y es en esta relación donde se refleja más su personalidad.

Motivaciones del delito.

En el país se han implantado programas sociales de abate de la pobreza extrema y combate a la delincuencia, es difícil, están funcionando, pero llevara un tiempo mas ver suficiente resultados, por ahora aplicas duro la ley en un lugar, detienes a presuntos delincuentes o los provocas y solo se desquitan con la población robando mas o causando daños a las propiedades o infraestructura publica, al no haber alternativas de vida o empleos, para la gente que se queda sin ellos, al cerrarse negocios relacionados con actividades ilícitas y negocios lícitos obligados a cerrar al ser atacados o asediados por los carteles, por lo citado mucha gente cada vez mas se atreve a integrarse a grupos delictivos, motivados por necesidades primarias como la alimentación, allegarle recursos a la familia y otros impulsos como el hedonismo, escalar en la sociedad, no importándole los medios o métodos para lograrlo, insatisfacción por la necesidad de reconocimiento de los demás, integrarse a una cultura criminal, por contacto y contagio directo por vivir en una zona con alto nivel criminógeno.

Esa forma de ser educados en la infancia, de no te dejes, responde a la agresión, los hombres mandamos, afecta seriamente al menor en su primera etapa de vida e interactuar en la sociedad, desarrolla muy poca o escasa tolerancia a la frustración, tolerancia que les permitirá superar los pequeños y grandes vicisitudes de la vida, otros al contrario viven constantemente fracasados al ser frecuentemente abusados es obvio, que en la etapa adulta buscara la forma de cambiar la situación y no casualmente de una forma profesional universitaria o técnica, si no integrándose al crimen.

La pobreza de muchas regiones de México, trae consigo el abandono del padre de los hijos a la madre, llevando la carga de alimentarlos y educarlos muchas madres lo logran con los recursos que son enviados de EU, por el padre y con trabajo de la madre, pero cuando eso no sucede y la madre desquita su frustración del abandono de la pareja, golpeando, abusando, mostrando enfadado y frialdad, maltratando, marcada indiferencia y distancia hacia sus vástagos, consume la madre bebidas alcohólicas y drogas, sienten a los hijos como una carga y los abandona constantemente o definitivamente, cuando no hay lo que conocemos comúnmente como apego de la madre con los hijos en comunicación, comprensión en relación a su educación, los vástagos serán muy agresivos se convertirán en hombres, que odiaran a las mujeres y abusadores de niños, es obvio que les falto la atención del padre, por abandonarlos para buscar los recursos y otros padres, que ya no regresaron con la familia original, pero el cariño de la madre a los hijos es esencial para su temprana seguridad emocional, que sentara las bases para su vida adulta, de allí se desprende la frase si tuviste de niño mucha o poca madre, mucho mejor si la educación temprana es complementada por la figura paterna, claro si esto es posible, ya que por falta de empleo, el padre se alejan mucho tiempo de los hijos.

Es importante en la educación de los hijos no ser severos, rígidos, autoritarios, exceso de disciplina, porque después se rebelaran y rechazaran todas las reglas que impone la sociedad o en su contraparte ser sobreprotectores los convertirás en inútiles, acostumbrados a que les resolverás siempre sus problemas y cuando no lo hagas, buscaran soluciones fáciles que se consiguen integrándose al crimen, es difícil para las familias educar a los hijos, pero se debe mantener un equilibrio en las acciones de los padres para con los hijos, muy importante es la presencia del padre con sus hijas en los primeros años de vida, porque en la forma de que el padre trate a su hija esta aprenderá la forma en la que va a ser tratada por su compañero de vida o pareja y no estará asociando la violencia como forma de vida, porque de pequeña no fue maltratada ni vivió violencia intrafamiliar, las niñas que son maltratadas o violadas por padres o familiares en su vida adolescente y adulta tienden a la agresividad, prostitucion, automutilación, suicidios, drogadicción y alcoholismo.

Los jóvenes, el contagio con la delincuencia, la frustración.

El comportamiento desviado delincuencial, al igual que el comportamiento normal o social, es aprendido, las personas y en mayor medida los jóvenes cuyo carácter se encuentra todavía en un proceso de formación al vivir en sociedad se relacionan continuamente con otras personas, pudiendo convivir y relacionarse más a menudo con personas respetuosas de la ley o por el contrario con personas cuyo comportamiento no respeta la ley y fomenta la violación de la misma.

Una persona se vuelve delincuente o tendrá mayores posibilidades de delinquir cuando observa que nuestra sociedad se descompone y aprende, que el que no tranza no avanza, violando sistemáticamente la ley y enterándose que muchas personas se salen con la suya sin ser castigados por la ley y burlándose de ella, así que por usos y costumbres lo ilegal se ve como normal.

El comportamiento criminal se aprende, definen el aprendizaje por observación, imitación o identificación como la tendencia de una persona a reproducir las acciones, actitudes o respuestas emocionales que presentan los modelos de la vida real o simbólicos, resaltando, a su vez, que la imitación juega un papel importante en la adquisición de la conducta desviada.

La instrucción directa mediante recompensas y apremio de lo que no debe hacerse y otros procedimientos de disciplina juegan un papel importante en la conformación y mantenimiento de las pautas de conducta social.

La asociación mecánica de acciones criminales tomadas como modelos a seguir o imitar por jóvenes, reside en como el aprendizaje de los jóvenes por contagio directo o indirecto, demuestra las conductas delincuentes de carácter casual, ocasional o episódico, el comportamiento criminal se aprende por contagio en el aprendizaje y convivir con personas delincuentes, lo que conocemos como malas compañías, la parte principal del aprendizaje del comportamiento criminal ocurre con grupos de personas cercanas o familiares criminales, las mañas se pegan, cuando la conducta criminal se desarrolla por contagio del aprendizaje adquiere técnicas para la comisión del crimen, claro para llegar aquí el sujeto, tuvo motivos y causas como pobreza extrema, fracaso escolar, hogares rotos o violencia intrafamiliar, no pondero que sus acciones criminales tienen costos legales y morales, una persona se convierte en delincuente, porque se da cuenta que los que delinquen a su alrededor la mayoría quedan impunes o que nuestro sistema de justicia se puede corromper fácilmente con dinero o influencias, el proceso de aprendizaje del comportamiento criminal por asociación con modelos criminales lleva una serie de pasos fácilmente detectables por la sociedad y padres de familia.

Muchas motivaciones e impulsos tienen los jóvenes a apartase de lo establecido, el caer en un estado de frustración, al no tener posibilidades reales de acceder a integrarse en el sistema de valores y normas de la clase social dominante, los jóvenes intentan resolver este problema uniéndose a subculturas criminales, en el que se vean reconocidos y apoyados por otros miembros, como limpiaparabrisas, drogadictos, alcohólicos, falsificadores, narcomenudeo, asaltantes, pedigüeños, estos grupos crean una subcultura propia alejada de la socialmente aceptada en el que encuentran unos valores y un status en el que se reconocen y en el que resulta más fácil la supervivencia, por lo tanto, es la medio ambiente de nuestra cultura la que favorece la formación de las subculturas delincuentes.

Los delincuentes buscaran en la motivación cosas positivas, que justifiquen la realización del delito, porque el sujeto violara la ley pero no su cultura o costumbres, así que el sujeto transgresor de la ley y la sociedad que lo rodea, se acostumbra a la idea del delito y lo consiente.

Una de las causas o motivos, que echan a perder a nuestros jóvenes es el Hedonismo, tienen poco interés en metas a largo plazo, en planificar actividades y en el estudio, la subcultura delincuencial busca una recompensa inmediata, son jóvenes ansiosos, impulsivos y actúan por diversión, no le interesan los planes a largo plazo, ni los costos de sus acciones, he observado a subculturas delincuenciales de todas las clases sociales, que obtienen ganancias inmediatas en sus acciones delincuenciales donde el común denominador es el hedonismo, ya que lo manifiesta con joyas vistosas, chicas caras, autos costosos y casas.

Los valores sociales convencionales y los valores de la subcultura delincuencial están interrelacionados; las formas delincuenciales son una parte oculta de la cultura convencional, los valores ocultos son el hedonismo, excitación, figura del macho agresivo y los valores sociales como altruista, respeto a los demás y a las propiedades, tratando todo el tiempo de mantener un equilibrio en lo que se dice y se hace.

La frustración otorga un énfasis relevante a las relaciones negativas, fracasos y sucesos de su vida estresantes, pueden producir furia y frustración hasta el punto de llevar al crimen y la delincuencia, una fuerte tensión experimentada por el joven como resultado de fracaso escolar y competitivos, el concepto que tienen de sí mismos, de su propia valía forma parte importante del desarrollo de la personalidad, por lo que su pérdida constituye un estrés psicosocial significativo que conlleva una seria amenaza, el fracaso del niño o adolescente en alguna tarea que el considere importante, puede producir una pérdida de su autoestima, produciendo un cambio tal en su comportamiento y tenga una percepción de si mismo de que no sirve para nada, considera que la situación de frustración se produce cuando la persona no es tratada por los demás como quisiera ser tratada, el comportamiento delincuencial, puede ser una solución a la frustración, que algunas personas utilicen para mejorar sus logros y aumenta su apuesta cuando fracasa nuevamente, los grupos mas marginados de nuestra sociedad, desquitaran su frustración delinquiendo, incluso dando su voto a lideres políticos que toleran la mala educación y la ilegalidad.

La falta de oportunidades.

La desigualdad de oportunidades, en la sociedad se produce una profunda diferencia entre diversas clases sociales a la hora de acceder de un modo legítimo a las metas cultural y socialmente aceptadas, en respuesta a esta frustración los miembros de los grupos más deprimidos utilizan medios ilegítimos para conseguirlo, pero no en todos los casos, la clave se encuentra en el diferente acceso a las oportunidades ilegítimas, los medios ilegítimos no son igualmente accesibles para todos, el adquirir un nivel delincuencial alto no es necesariamente algo fácil o sencillo de disponer; su acceso depende de una variedad de factores, como la posición económica, la edad, el sexo, la raza, la personalidad, las ciudades en los que el crimen aparece como algo estable e institucionalizado, operará como un campo fértil de aprendizaje en el medio ambiente de los jóvenes, así que muchos jóvenes que no logren escalar en la vida profesional utilizaran sus capacidades o se atreverán a incursionar en el delito para sobresalir, claro no todos tienen acceso diríamos rápido a oportunidades y disponibilidad al crimen organizado que les daría status y poder, batallaran doblemente para lograr un lugar en el crimen o mafia y quizás también fracasen como en los medios legales, en esta situación donde el sujeto es doble fracasado eleva el grado de peligrosidad y estos sujetos son los que atrapa la policía rápidamente al cometer errores en sus crímenes, porque para ser un buen criminal hay que tener buenas cualidades.

Cuando una sociedad se descompone o impone nuevos ritmos de vida, muchos de sus integrantes no se pueden habituar a las nuevas situaciones, por lo que muchos lazos de la sociedad se rompen o quedan al borde del colapso, así la delincuencia encuentra elementos para su conformación.

La educación y el estar conforme con la sociedad.

El gobierno se fuerza en presionar a la sociedad con educación y programas de desarrollo social, para que la gente de alguna manera este conforme y pueda progresar un poco mas y de esta manera frenar y prevenir hechos delictivos, las personas que carecen de lazos sociales estarán más expuestas a delinquir, que aquellas que tienen fuertes vínculos con la sociedad, la delincuencia se produce cuando los lazos que nos unen a la sociedad se fragmentan o se disminuyen, la conducta conforme a las normas sociales puede ser de carácter afectivo, desarrollado mediante una interacción del cariño de los padres hacia los hijos, la medida en que los padres o profesores supervisan su comportamiento y se comunican con ellos, según el grado de atención en que los adolescentes se sientan comprendidos, perfectamente bien ubicados en la escuela y se mostrarán respetuosos respecto de las opiniones de sus padres y profesores.

La educación de los jóvenes les enseñara a crear, a desarrollar sus ambiciones personales dentro del marco de la sociedad, le enseñara respeto a las instituciones y los costos de una conducta criminal y la posición que pueden perder en su circulo social a causa de esta conducta, el compromiso que tiene el joven con la sociedad de portarse bien y no poner en riesgo su integridad física y la de los demás. Los gobiernos tienen que invertir mas dinero en los jóvenes para prevenir la delincuencia, ayudando a los jóvenes a estar ocupados y fuera de las calles o en las calles pero haciendo algo de provecho, la participación en cantidad de tiempo y energía dedicado a realizar constantemente algún tipo de actividad deportiva, cultural o aprehendiendo un oficio, representa un importante factor de control de la delincuencia, todos los esfuerzos de los gobiernos no fructificaran si por un lado lleva acabo programas de gobierno de combate a la pobreza y a la mala educación y por otro lado hay impunidad en sus funcionarios públicos, tolerancia y corrupción de su sistema a económico, ese doble discurso y modelos negativos de nuestra sociedad son captados por nuestros jóvenes y son refuerzos negativos que le indican que pueden triunfar en la vida en la senda del crimen, tenemos que imprimir nuevos modelos a segur para nuestros jóvenes porque los actuales, esta visto nos ha metido en un terreno escabroso, el camino de la delincuencia se inicia a edades muy tempranas, tiene que ver en la forma que tus padres te educaron en los primeros diez años de vida, le indicaran al menor la forma en la que debe comportarse y le dará autocontrol para no hacer malas conductas, que no están bien, los niños que fueron educados por sus padres, correctamente recompensados y castigados cuando tenían mal comportamiento, desarrollarán el autocontrol necesario para resistir las tentaciones que ofrece la delincuencia y les enseñara que el trabajo y el estudio es el único camino para tener éxito en la vida en lo profesional y social.

Las crisis, una sociedad descompuesta, fuera de la ley y sin reglas.

Una sociedad descompuesta donde no se respetan las normas legales y reglas, genera un animo de desconfianza hacia esa sociedad, por los fenómenos de criminalidad surgidos en la misma, la causa principal de la delincuencia radica en la corrupción y la descomposición de las instituciones sociales, se consideran el delito como una consecuencia de la desorganización social, las crisis, manifestaciones y quebranto de las normas y valores vigentes en una sociedad, como consecuencia de una transformación política, económica o progreso social producido rápidamente, muchos ciudadanos no pueden asimilar esos cambios de bienestar, que cada clase de sociedad puede legítimamente buscar o alcanzar, las personas saben que de acuerdo a sus capacidades, hasta donde pueden llegar sus ambiciones, algunos se conformaran con lo que tienen y buscaran conservarlo, muchas personas son respetuosas y disciplinados con las reglas sociales y por lo tanto no participan en manifestaciones de reclamo social, cuando la sociedad está trastornada, por crisis o por progreso demasiado rápidos, es temporalmente lento el sujeto para darse cuenta de los cambios, para integrarse a ese nuevo orden de progreso para mantenerse y sobrevivir a los cambios, los individuos que no son capaces de adaptarse a la nueva situación, terminan quebrados o relevados, cometiendo actos criminales, ya que los cambios trastocaron sus hábitos que terminaron tocando su ser, en la sociedad actual, debido sobre todo al progreso económico, se producen una serie de crisis económicas, porque siempre que hay progreso, siempre habrá quien pierda, las personas quebradas acostumbradas a la buena vida se les dificulta retomar su estilo de vida, o en el caso, personas de clase social media que se endeudan mas allá de sus posibilidades y las crisis les viene a complicar la vida, situaciones pueden llevar a tomar medidas desesperadas dentro de la criminalidad.

Muy mal inculcar a los hijos que el éxito se basa únicamente en lograr riquezas en la vida, peor enseñarles que no importan los medios para lograrlo, cuando una sociedad de consumo fija en la conciencia de la gente, que si no tienes dinero no serás feliz, el resultado final es una alta estadística de conductas delictivas.

La pobreza es un factor de causa de los delitos y la oportunidad de estos, pero la pobreza no es sinónimo necesariamente de violencia, porque las áreas prosperas con más educación, tienen los crímenes más violentos.

El crimen al ser un mal comportamiento social, es una conducta imitada y dependiendo del lugar donde se desarrolle, podrá ser una moda o convertirse en una costumbre, en un hábito que se transfiere, este mal es el que padecemos en el territorio nacional y esta claro cuando la reacción del gobierno es implacable contra la delincuencia, se agrava mas el problema de inseguridad, ya que si demasiada gente se esta dedicando a la delincuencia es por que los medios legítimos de vida para progresar han fallado para el ciudadano.

El problema del narcomenudeo.

El final, el mercado, el proceso final de la droga después de la producción, empaque, distribución, envío, entrega-recibida, dosificada y puesta en las calles, llamado comúnmente narcomenudeo, las personas encargadas de la distribución final y dueños de la droga, son los que contratan distribuidores de contacto directo con el cliente o corredores de droga, son los que te entregan en la mano la droga solicitada, son los que la policía conoce, detiene, extorsiona con dinero, droga, información de mas distribuidores o para recoger la renta semanal, quincena, mensual o adelanto de algunas de las mismas ventas, por lo regular, los corredores de droga son detenido más de una vez con droga en posesión, obteniendo la libertad por declararse toxicómano, vicioso, argumentando que se la regalaron, se la encontró tirada, no aportando ningún dato a la autoridad investigadora de cómo la obtuvo, mucho menos el nombre del distribuidor.

Muchas de las veces resulta que si se trata de viciosos, pero a veces el agente no reconoce que se encuentra frente a un corredor de droga muy listo y sagaz, que entrega solo de una dosis a la vez, por lo regular anda caminando, contactando clientes, en bicicleta, automóvil, se arriesga a llevar las dosis, para entrega a domicilios a clientes asiduos, pedidos por vía celular en caso de ser detenido manifestará que las dosis son para su consumo personal, que no conoce a los sujetos, que se la venden obteniendo su libertad con una extorsión, dinero en efectivo, nada mal obtener de cinco mil a 15 mil pesos aproximadamente, por 3 dosis de cocaína para no ser puesto a disposición del Ministerio Público de la Federación y así evitar la Averiguación Previa, la Investigación y la exposición a la sociedad. Tomando en cuenta que un policía municipal gana tres mil pesos a la quincena, un policía estatal cinco mil pesos quincenales, un policía ministerial ocho mil quincenales y un policía federal nueve mil por quincena, se entiende que es fácil predecir, el fracaso en la lucha por el narcomenudeo, el precario salario, restringidas plazas de empleo, equipo suficiente para los agentes como autos blindados, personal de apoyo, equipo óptico y digital, presupuesto para viáticos, horas extras y otros gastos.

No se puede tener éxito en las zonas de combate al delito, sin antes prepararse, aprender, conocer el modus vivendi y modus operandi de las hábiles agrupaciones que se encargan de vender todo lo ilícito, requerido por el lado oscuro de nuestra sociedad, vaya desde autos robados, mercancía, medicamentos, droga, animales en peligro de extinción, tráfico de personas, emigrantes, robo de infantes, trata de personas, trafico de órganos.

Una historia muy poco contada.

En el año de 1996 el presidente Ernesto Zedillo en un afán de controlar el flujo de las drogas, que en realidad se mantenían en parámetros permisibles por la sociedad, mando militares a ocupar la dirección y puestos en la policía judicial federal dependiente de la procuraduría general de la republica, para hacerse cargo de la investigación y combate de delitos federales como el narcotráfico, que en esa fecha se encontraba controlado por policías judiciales federales civiles, el consumo de drogas en el país no superaba el 10% de lo actual y no había violencia desatada, la PGR la dirigía el lic. Antonio lozano gracia y la dirección de la PJF la ocupo el general Guillermo Álvarez Nara, en ese periodo fue cuando se enrolo personal militar de operaciones especiales denominado GAFES grupo aerotransportado de fuerzas especiales, obviamente a estos elementos especiales se les dio el grado de acuerdo a sus habilidades adquiridas en el ejercito, el grado de la policía judicial federal, que les fue asignado a los militares fue el de segundo subcomandante con clave Z(zulu), pero por ser mas simple pronunciar zeta, pues a si se les denominaba a los segundo subcomandantes, zeta uno (Z1) o zeta dos (Z2), según la comisión asignada, ya que los segundo subcomandantes o zetas eran los jefes de grupo, que comandaban o tenían a cargo personal de la policía judicial federal asignada a zonas especificas en el interior de los estados, conocidas comúnmente como plazas y este personal militar comisionado a la policía judicial federal con grado de segundo subcomandante Z(zulu), fue enviado a la frontera norte para hacerse cargo de las operaciones de la policía judicial federal y de su personal civil, que aun quedaba en funciones, ya que en ese periodo hubo despido masivo de personal de la policía judicial federal, obviamente de carrera civil, el despido masivo de policías judiciales federales obedeció, a que muchos agentes y comandantes de la PJF en el sexenio salinista se vieron involucrados en narcotráfico y como siempre no les pudieron comprobar nada, les fue mas fácil despedir parejo al personal policial, que posteriormente y conforme a la ley pudo regresar al trabajo al ganar amparos federales por despidos injustificados, posteriormente la suprema corte de la nación se pronuncio que ningún policía fuera recontratado al ganar un despido injustificado por cualquier medio, solo tiene derecho a su indemnización, que bonito país de conveniencias, cuando el estado de derecho esta a favor de la victima, el poderoso siempre tendrá incondicionales que protegerán sus intereses, con una serie de argumentos poco convincentes favoreciendo aun estado corrupto, porque si un policía pudo contra el estado recuperando su trabajo, puede defender a la sociedad, contra ese estado corrupto y convenenciero.

Bueno, los zetas se llevaron la denominación que obtuvieron del grado de segundo subcomandante de la policía judicial federal, la planeación y operación de la PJF o la forma de organizar y operar personal policial en un territorio o plaza, obviamente toda su experiencia adquirida en el ejercito y PJF, todo esto fue aplicado en la practica, cuando los zetas fueron absorbidos por el cartel del golfo, posteriormente cartel de los zetas, esta forma de operar de los zetas, propia de las fuerzas especiales militares y policiales del mundo(claro a favor del estado de derecho), fue reproducida por otros carteles para conquistar, trabajar, defenderse y atacar a otros carteles, por la defensa de una plaza o territorio, claro algunos carteles han elevado la violencia al grado de psicosis generalizada, conocida como narcoviolencia, narcoterrorismo, claro no le quieren llamar terrorismo, porque no hay ideología a la vista, por parte de los grupos que realizan los ataques, pero como saben si detrás de los ataques, no están grupos de poder, narcopoliticos, gente del lavado de dinero y estos ataques beneficiarían o harán ver como ineficiente algún tipo de gobierno y moverían la opinión publica a favor de algún tipo de gobierno, claro que los segundos beneficiarios serian algún cartel o mafia en especifico, así que la batalla continuaría por el control de plazas.

Ahora le corresponde a los gobiernos en turno y a la sociedad enmendar estos errores, establecer la paz pública, rescatar a los jóvenes de las drogas, el consumo, narcomenudeo, logística de transporte, narcoseguridad privada e informantes de la mafia, le corresponde a los gobiernos, erradicar de adversarios a nuestros jóvenes valientes que tienen que luchar de estas tentaciones, que reditúan en corto plazo, pero a un precio que resulta fatal, esa valentía, arrojo, inteligencia debe ser aprovechada a favor de la patria y no en contra de ella, confrontando al ejercito y policía, que tiene mas capacidad de suministro en combate, a los gobiernos actuales y por venir, les toca un trabajo de atención y manejo de los jóvenes, para orientarlos hacia mejores horizontes de su futuro inmediato en estudio, trabajo, esparcimiento, oficios, deportes, artes y demás proyectos que motiven y estimulen a los jóvenes a una vida integrada a la sociedad y los que se encuentran separados del núcleo humano, ayudarlos en su rehabilitación de drogas, tolerar a los que tengan ideas diferentes y negociar con ellos a efecto de que participen activamente en partidos políticos(muchos ya lo hacen) para que logren sus espacios y objetivos, que se han trazado para el beneficio de su grupo o sector, esto viene a sentido por la gente involucrada en la violencia, que resulta detenida o muerta la edad promedio es de 19.5 años aproximadamente, heridos en escaramuzas casi no hay, pues en la guerra no se vale rendirse en combate y no hay toma de prisioneros.

La batalla policial perdida contra el narcomenudeo.

Se hacen aseguramientos, detenciones, cateos en relación al narcomenudeo, solo para ejercer cierto control sobre las drogas, porque es imposible erradicarla, la demanda de drogas va en aumento en todos los estratos de la sociedad, incluso, le da respiración a ciertos núcleos de la sociedad, con el lavado de dinero que entra en circulación y revive sectores del país a punto del colapso económico, la autoridad que tiene el control de un núcleo de habitantes, solo ejercerá cierto control sobre el consumo de las drogas, por un lado le conviene que se consuman drogas que causan adicción, Que bien pueden matarte con una sobredosis, pero en lo general puedes pasar todo una vida fumando marihuana o consumiendo cocaína y la derrama económica es alta por consumo de drogas sea zona turística o no; cosa que no sucede con las drogas químicas o metanfetaminas y opiáceos, que causan serios problemas de salud pública como muertes violentas, accidentes mortales, daños severos e irreversibles a la salud, violencia intrafamiliar; todos estos hechos inquietan al resto de la sociedad, que quiere que esto no pase cerca de su familia le preocupa, a quién no le preocupa la integridad de nuestros seres queridos.

Por lo pronto muchos estados se declararon incompetentes para combatir frontalmente el narcomenudeo con fecha limite 20 de agosto de 2012, la ley ya esta aprobada por el congreso mexicano, donde la federación se hace cargo del narcotráfico y los estados del narcomenudeo, pero los estados dicen no contar con personal suficiente ni capacitación de sus policías locales y los estados se encuentran a dos fuegos por las bandas criminales y por la federación obligándolos a que tienen que combatir la delincuencia por si solos, muchos estados definitivamente se declararon incompetentes, para combatir a la mafia mexicana y han sido intervenidos por el ejercito mexicano y la secretaria de seguridad publica con la policía federal.

La nueva ley contra el narcomenudeo establece que, la Federación y entidades federativas tienen hasta el 20 de agosto de 2012 para realizar las siguientes actividades, que se desprenden del propio decreto:

Elaborar el programa nacional de salud para la prevención y tratamiento de la fármacodependencia por parte de la Secretaría de Salud.

Diseñar las políticas públicas adecuadas para cumplir con las campañas permanentes de información y orientación al público sobre prevención de daños a la salud provocados por el consumo de estupefacientes y psicotrópicos, proporcionar información y brindar atención médica y tratamientos a quienes consuman estas sustancias, campañas de educación para prevención de adicciones y coordinar con los sectores público, privado y social dichas acciones de prevención.

Realizar las investigaciones necesarias para detectar a los grupos de alto riesgo.

Crear los centros especializados en tratamiento, atención y rehabilitación de toxicómanos.

Crear un padrón de instituciones y organismos públicos y privados que realicen actividades de prevención, tratamiento, atención y reinserción social en materia de fármacodependencia.

Celebrar convenios de colaboración con instituciones nacionales e internacionales en materia de drogadicción.

Diseñar y establecer las políticas públicas necesarias para que las autoridades de seguridad pública de los tres órdenes de gobierno, participen en la prevención y combate a las actividades de posesión, comercio, suministro de estupefacientes y psicotrópicos.

Esto implica capacitar personal, reinventar las instituciones e infraestructura, contar con los recursos materiales y humanos necesarios para llevarlo a cabo; para lo cual se tienen 3 años a partir del decreto, la cual esta por cumplirse el 20 de agosto del 2012 y se ven muy pocos avances.

Bueno, pero la razón del porque se perdió la batalla o el control del narcomenudeo es simple, la policía que mantenía el control de las drogas era la extinta policía judicial federal al servicio de ministerio publico federal dependiente de la procuraduría general de la republica, dicha policía federal fue derogada en noviembre de 2001, ocupando su lugar la agencia federal de investigaciones AFI, dicha corporación nació completamente acotada en sus funciones, entre las cosas que tenía prohibido efectuar la AFI, era la revisión de vehículos solo porque su conductor mostrara marcado nerviosismo ante la autoridad, revisar personas y sus pertenencias solo por mostrarse sospechosa ante la autoridad, así como los recorridos de vigilancias en carreteras federales, instalar cualquier tipo de reten en caminos y carreteras, estas practicas de la policía judicial federal efectivas para controlar el narcotráfico, ya habían sido también castigadas y prohibidas en circulares de la PGR en el sexenio del licenciado Ernesto cedillo, como ven en 12 años de gobierno federal se aflojo el control de las carreteras federales rutas importantes en la transportación de drogas, así que cualquier novato podía transportar un cargamento importante de drogas con altas posibilidades de éxito de alcanzar la frontera norte, sin tropiezos con la autoridad federal.

Los adictos son enfermos, no delincuentes resuelve la Corte, los detenidos con dosis permitidas deben ser absueltos y acudir a rehabilitación, expresa.

La Suprema Corte de Justicia de la Nación (SCJN) determinó que los adictos a las drogas deben ser tratados como enfermos y no como delincuentes, asimismo, sostuvo que deben ser absueltas las personas acusadas del delito de posesión de drogas, siempre que se trate de dosis permitidas por la ley y sometidas a tratamiento médico, en este punto es donde la policía, debe distinguir muy bien de un toxicómano de un corredor de drogas, para casualmente evitar injusticias y corrupción.

Con seis votos a favor y cinco en contra, el pleno de la Corte amparó a José Luis Espinosa Juárez, a quien le fue revocada una condena de 10 meses de prisión.

Pese al criterio adoptado por la Corte, se desconoce cuántas personas podrían ser beneficiadas.

El ministro presidente Guillermo I. Ortiz Mayagoitia expresó que en el artículo 525 del Código Federal de Procedimientos Penales se establece que si un procesado es fármacodependiente y la cantidad que le fue encontrada es para consumo propio, el Ministerio Público federal tiene que desistirse de la acción penal.

Los ministros revocaron la sentencia dictada contra José Luis Espinosa Juárez y concedieron el amparo para que el tribunal responsable dicte una nueva sentencia, en la que considere su fármacodependencia.

- Contra José Luis Espinosa Juárez no existirá antecedente de que fue acusado del delito de posesión de droga, pero deberá someterse a tratamiento.

- Los ministros tienen aún pendientes de resolver cuatro juicios de amparos de esta naturaleza, por lo que se espera que fallen en el mismo sentido.

- El 20 de agosto de 2009 entró en vigor la legislación que define las cantidades de droga que puede llevar un fármacodependiente para que no se le detenga: cinco gramos de mariguana, dos gramos de opio, 500 miligramos de cocaína y 40 gramos de metanfetaminas.

El consumo de drogas en el país ha ido a la alza, la ubicación geográfica del país y clima propicio para el cultivo de estupefacientes y trafico de drogas de Sudamérica y Asia a hecho del territorio nacional un mercado mundial de drogas, el consumo nacional, el turismo, el narcoturismo a ocasionado una férrea peleas entre los carteles de las drogas por los mejores puntos de venta, envíos y zonas de recepción de las drogas, el gobierno federal les ha declarado la guerra a los carteles, porque es difícil negociar una paz con los carteles, pero no imposible, hay que ser muy capaz, mente abierta y basto criterio, muchas cuestiones éticas, morales, penales y financieras, surgen cuando se trata de meter al orden o negociar con la mafia y los carteles, siempre surge la discusión, las ambiciones, quien tiene prioridad, quien no ha roto la delgada línea de la tolerancia permitida, para todo esto la ley debe participar de una manera discreta, nada de escándalos, nada de meter las manos directamente en cuestiones financieras, solo debe tolerar ciertas acciones de los traficantes, la principal razón por la cual debemos negociar la paz y la tranquilidad del país, es porque somos vecinos de primer consumidor mundial de drogas.

Consideraciones antes de cualquier negociación o tregua con la mafia y los carteles, sellar la frontera sur, solo los carteles con mas talento lograran pasar drogas y la siembra, cultivo y procesamiento de drogas en el territorio nacional mantenerlo en niveles permisibles por la sociedad, digo hay mucha gente que no le interesa las drogas, pero si el daño que les pudiera ocasionar a los suyos, la gente ya no quiere escuchar de los combates callejeros interminables, la gente únicamente le interesa el hecho de poder salir de casa sin encontrarse un reten, una balacera, cuerpos mutilados en las calles, balaceras cercas de las escuelas, la gente esta harta de escuchar tanta cosas banales, de estar secuestrada por los políticos, de estar encerrada en sus casas por la delincuencia y de las equivocaciones del ejercito y la policía en sus acciones, porque, el haber cambiado la forma de combatir el crimen con investigación previa a una forma reactiva- preventiva fue un error.

Combates urbanos, manifestaciones superficiales de un problema mayor.

Cuando el gobierno decidió enfrentar a la delincuencia organizada no pondero muchas aristas, muchas situaciones a considerar como, cuanta gente se beneficiaba directa e indirectamente del tráfico, cultivo y narcomenudeo, cuan penetradas y contaminadas estaban las políticas municipales, cuantos grupos del poder empresarial estaban recibiendo dinero para el blanqueo, el que aun no impactaban los programas de combate a la pobreza extrema patrocinados por el gobierno federal, no se tomo en consideración que no había empleos suficientes, ni alternativas de trabajo para los jóvenes que son cooptados y reclutados por la mafia fácilmente, al encontrarse los jóvenes en una dura realidad sin profesión, sin empleos y con un futuro incierto, donde se dan cuenta que ni trabajado 10 años podrán adquirir un auto o casa y se dan cuenta que la corrupción le rinde beneficios a muchos y deciden tomar los riesgos enrolándose en actividades delincuenciales.

Cuando el gobierno se enfrenta a los carteles, la sociedad sufre, muere en el fuego cruzado, se le confunde con delincuente, le catean sus domicilios sin orden judicial, es detenida en retenes donde es interrogada, revisada en su persona, auto y pertenencias, los retenes, patrullajes y operativos preventivos conjuntos, se vuelven predecibles para el hampa y esto a caído en una situación viciosa, donde la mafia ya conoce la forma de operar de la autoridad y ya sabe como evadirla, el haber cambiado la forma de combatir los delitos federales a una forma preventiva y reactiva, no anteponiendo la investigación policial profesional es un error.

Creo que para apaciguar la batalla contra la mafia, es con ellos con los que hay que tratar, para cerrar esas válvulas que suministran los recursos a los comandos armados, porque nos podemos pasar toda la vida combatiendo la violencia a nivel de calle, encerrando, eliminando, confiscando casas de seguridad, pero mucha gente inocente seguirá muriendo, otros por el pecado de ser viciosos, otros por ser familiares de delincuentes, policías, ejercito, otros por ser confundidos o denunciados como delincuentes y la autoridad, pues no investigo la veracidad de los datos que obtuvo por denuncia anónima.

No podemos negar la realidad que existe mas allá de nuestras fronteras, que es el consumo y la demanda por las drogas que es Norteamérica y Europa, lugares donde el poder adquisitivo es alto y la gente común tiene dinero para gastar en una adicción o vicio mas o menos caro, claro a nivel nacional también se observa un aumento en el consumo de sustancias prohibidas, que no es motivo de cárcel el consumo, pero si la venta y producción de estas. El consumo, la venta, cultivo y producción de drogas ha aumentado en uno o más puntos de los citados en prácticamente todos los estados, sobresaliendo las zonas de playas y ciudades importantes turísticas.

No podemos encerrarnos a un combate interminable por el combate a las drogas, cuando lo que necesitamos son controlar los flujos de estas, pues ya sabemos a donde van y de quien son y al combatir a la mafia que esta relacionada con los grupos de poder, ocasiona y provoca una presión interna violenta, que obedece a la demanda externa que proporciona recursos, para abrirle camino a las drogas a como de lugar, a mi apreciación con un flujo de drogas de entre 25 al 35% es suficiente para cubrir el mercado de viciosos y toxicómanos, que a mi cálculo es el actual y a si hay que mantenerlo, el saturar el mercado de drogas con fines recreativos, es el que causa verdaderos problemas de demanda de drogas, seguridad publica y mucha gente quiere participar en el mercado de las sustancias prohibidas, provocando verdaderas batallas en territorio nacional, para surtir esa demanda del mercado local e internacional de las drogas, pero es imperativo resolver el asunto de las drogas con fines terapéuticos, porque no es delito consumirlas, pero si te atrapan comprándolas te utilizara la policía como testigo de cargo en juzgados federales contra el dealer y obvio estará en serios problemas con la mafia.

La policía.

Puede ser flexible, tolerante, eficiente, corrupta, honrada, pésima, esa función de acorde a sus directivos a veces es penetrada por la delincuencia organizada, pero no es casualidad la policía no se manda sola, aunque algunos policías si quieren involucrarse en el combate al narco y delincuencia organizada, sus ímpetus de combate e investigación son controlados o de plano aplacados por sus superiores, porque estos elementos policíacos amenazan los grises negocios, que los gobiernos municipales tienen que brindar protección, que les garantice su funcionamiento y generar ganancias buenas del dinero malo, muchos policías prefieren renunciar, alejarse o mantenerse al margen de los acontecimientos, pero esto no es suficiente, porque de todos modos caes en el delito de omisión, porque conoces de la comisión de un delito y aunque no participas directamente, no haces nada para impedir se siga cometiendo el delito, por esta causa son los despidos masivos de la policía, pero que puede hacer un modesto policía, si sabe que sus jefes están involucradas en delincuencia organizada, si un policía es detectado pasando o es sospechoso de filtrar información a la autoridad federal de actos de corrupción de otros policías compañeros o no, lo mínimo que le puede pasar es que sea despedido, lo peor eso ya lo sabemos, muchos estados de la republica tienen demasiada presión interior de parte de los grupos de poder empresarial, lavado de dinero y de los que mueven drogas, todos le exigen a los gobiernos municipales y estatales según sea el caso cumplan con acuerdos pactados o no, muchos de ellos en el entendido de que enviaron dinero a sus campañas políticas y los partidos políticos no se atrevieron a rechazarlo, mucho menos iban a preguntar el origen del dinero, pero vamos yo creo que nadie se espanta de ello o debería, muchos lugares de la republica y el extranjero florecieron del lavado de dinero, el verdadero problema es la ambición desmedida, porque cuando un grupo logra instalarse en una plaza o en un estado, pues no se conforma con ese territorio y siempre quieren mas, claro apoyados de alguna manera con gobiernos con las mismas características políticas, yo creo en la negociación, el control, el apaciguamiento de la batalla, que se ha generalizado. Los acuerdos que se lleven a cabo para bajar la intensidad del combate, deben de ser bilaterales e incluyentes, porque los de Norteamérica y Europa occidental son los que mejores clientes de las drogas, mientras que nosotros pagamos con sangre y dolor esa demanda por las drogas, es demasiado escabroso, por eso debemos nosotros mismos resolver el problema, para evitar una intervención externa, pues el asunto se nos podría ir completamente de las manos.

Policías cooptados por los carteles de las drogas.

El asunto de la certificación a resultado contraproducente en el aspecto de los despidos masivos de policías, al no aprobar los exámenes de permanencia dentro de la corporación, cuando para ingresar les hicieron unos mas o menos igual y ya habían adquirido experiencia con el paso de de los años, digo en todos los empleos y profesiones, capacitas, impartes cursos, solicitas a tus empleados profesionistas, que se actualicen constantemente, pero no los despides tomándolos por sorpresa, aplicándoles pruebas tan subjetivas como el polígrafo, la prueba psicológica esta permitida, para diagnosticar a tus empleados y corregir conductas y vicios que afectan el desarrollo del empleo, pero los casos graves psicológicos que desembocan en un delito, las leyes penales se hacen cargo y los casos psicológicos, que dañan la salud del personal, pues son tratados y cubiertos por su seguridad social o seguro de gastos médicos mayores, pero en la policía eres despedido sin mas, grave situación, que aprovecha la delincuencia organizada, que ofrece empleo a estos expolicias, los cuales cuentan con experiencia para interactuar y desenvolverse dentro de una sociedad en actividades delictivas sin ser detectados, en su gran mayoría te das cuenta que trabajaba con la mafia cuando aparece en las noticias, porque fue muerto o detenido por la policía o ejercito.

Otra forma de cooptar a futuros integrantes de la mafia es ponerles una nomina, para que desde sus puestos sirva al hampa, que es la forma mas común de corrupción y otros alternan sus actividades de policía, con los carteles y algunos son despedidos y otros renuncian definitivamente, para enrolarse en tiempo completo con la mafia, pero solo unos cuantos el porcentaje es bajo no llega ni al uno%, entre policías y personal del ejercito.

El asunto de la certificación de forma generalizada para toda la policía, no me parece sea la adecuada para despedir policías a diestra y siniestra, si el policía ya tiene el empleo y antigüedad en el cargo, la certificación debe ser para diagnosticar a tu personal y tomar medidas preventivas, impartir cursos, capacitaciones o reasignaciones de cargos y comisiones y no lanzarlos a las calles, donde la mafia esta lista para darles empleo o ya los había corrompido con dinero, influencias de la mafia que mueven voluntades y algo importante y motivador que hace los carteles es reconocerle sus cualidades y le realza su valor, habilidades, destrezas, sagacidad y a la mafia le funciona muy bien, pero es algo muy tonto, porque por mas dinero y poder que logres, el riesgo de la muerte o la cárcel es alto y el dolor que le vas a infringir a tu familia es muy alto.

La policía no se manda sola.

Toda actividad de la policía obedece a las directivas emitidas por sus superiores, la autoridad ejecutiva representada, por los presidentes municipales, gobernadores de los estados y presidente de la republica, los cuales son comandantes directos de sus fuerzas del orden, aun cuando estos comandantes con anterioridad, no tuvieron nada que ver con seguridad publica, es decir ahora se vuelven protagonista, especialistas en materia de seguridad publica, no le delegan esta responsabilidad a los procuradores y directores de policía, para que se desenvuelvan con mas libertad y puedan implantar los controles de seguridad publica, que todos los pueblos de México reclaman, los partidos políticos al momento de elegir candidatos para puestos políticos, uno de los puntos de los requisitos de la convocatoria, es no haber pertenecido al ejercito o policía, aun cuando el aspirante político tenga alguna licenciatura, claro alguien que gobierne y halla pertenecido a la policía o ejercito, tiende a implantar mano dura, una pequeña dictadura, intolerante, pero no creo que sea de forma generalizada, la reacción de alguien con formación policial o castrense, lo que si es seguro sabría manejar las fuerzas del orden y la investigación, de ninguna manera estoy insinuando un estado intolerante, como el que ya se esta manifestando en la republica, con tanto reten militar y policial, le apuesto mejor a un estado moderno tolerante, conciliador, que implante los controles, se pondere una reconciliación entre los diferentes grupos del poder, que por ahora se mantienen en una situación de odio y venganza, donde tu me matas a uno, yo te mato cinco, tu me quitas unos kilos, pues haber que hago para reponerme, como ven sube el precio, también sube la venganza, por esa razón urge que la autoridad recupere el control de las drogas, porque ahora el gobierno federal esta obstinado en una lucha en contra del narco en los estados, que se niegan o no pueden establecer los controles requeridos en materia de seguridad publica, claro muchos políticos reciben dinero de parte de empresarios y la gente del lavado del dinero, para que puedan llegar al poder, una vez ejerciéndolo, pues como van a atacar a sus patrocinadores, tocándole o atacarle sus intereses léase negocios y empresas, que manejan grandes cantidades de activos, pues el gobierno federal sabe de estos tratados y los ataca, claro no en sus activos si no en sus otras actividades no del todo claras relacionadas con sustancias prohibidas, incautando grandes cantidades de dinero en efectivo, cerrándole negocios y deteniendo o eliminando en combate a personal relacionado con la gente del lavado de dinero, claro, siempre involucrando a la policía que son los nervios del funcionario en turno y este es quien le dicta las directivas a seguir, por esta causa es el porque siempre son intervenidos y detenidos por el ejercito, muchos de ellos inocentes, pero como fuero omisos al saber del posible encubrimiento del narco por sus compañeros policías, que estos a su vez recibieron la instrucción de un superior, la única manera que un policía se salve de un despido o detención por parte de la autoridad federal, es que una vez que el policía se entero de la complicidad del narco en su corporación es renunciar, porque aun tendrá la oportunidad de ser policía en otra corporación menos contaminada, por esa razón la policía esta muy desgastada y mal informada a la sociedad, cuando en realidad, los que echan a perder a la policía, son los propios políticos con sus directivas, que casualmente benefician a la gente del lavado y pues una policía profesional pondría en peligro al propio funcionario en turno, pues para comenzar un buen policía profesional no estaría del todo de acuerdo con tanto negocio sucio, que estuviera involucrado el funcionario publico en una zona determinada de la republica.

Fracaso de la policía contra el narco.

No hay oficio, no hay manos libres para que los agentes investigadores manejen sus indagaciones y precisiones, para que se apacigüe el combate y el narcotráfico, solo hay una línea de trabajo que maneja la policía preventivas y el ejercito, no existe de forma generalizada garantías laborales y de seguridad social para el policía municipal, no hay asignación de recursos humanos y materiales para la policía de forma generalizada, para que sostengan investigaciones de campo para una semana o meses para que la conclusión de las mismas sean satisfactorias, el haber cambiado el modelo de combate del delito de una forma como lo llevaba la policía judicial federal PJF, luego agencia federal de investigación AFI, luego policía federal ministerial de la PGR que consistía en investigación de escritorio, análisis de información, investigación técnico-operativa o de campo o comúnmente en caliente, que se apoyaba en información de diferentes fuentes y puntos de revisión fijos e itinerantes y retenes que controlaban el flujo de sustancias prohibidas, esta modelo fue cambiado totalmente, por uno reactivo-preventivo que desarrolla la policía a nivel nacional y el ejercito ahora, que consiste en operativos de presencia preventiva, combate al delito y ahora el articulo 21 constitucional, les indica a la policía que pueden investigar bajo el mando y conducción del ministerio publico, pero ese es el problema, que no hay suficientes ministerios públicos que acompañen a la policía a sus operaciones y retenes, a si que el trabajo de investigación de la policía es un poco precario, porque no toda las policías cuenta con elementos, que se hayan desempeñado como agentes investigadores con anterioridad, digo todo elemento de la policía cuenta con diferentes cualidades como investigar, vigilar, atención al publico en barandillas, guardias, patrullero de caminos o de zona urbana, operaciones especiales, pero definitivamente al no haber ministerio publico, que dicte alguna orden por escrito de investigación o verbal, siempre el mando de operaciones de la policía debe de ser del que tenga cualidades y experiencia para dirigir investigaciones técnico-operativas para evitar errores, equivocaciones, molestias al ciudadano, daños colaterales y ordenes que conducen a omisión del servicio.

Modelo de policía, que si podría funcionar es el de investigador en jefe.

Alguna vez maneje este tipo de modelo de trabajo en mi grado de agente federal de investigación con la cooperación de la policía estatal con sus patrullas y personal de apoyo periférico y de intercepción operativa, para revisar sospechosos, detener presuntos delincuentes, recabar e investigar datos para confrontar en su base de información C4, claro no estaba del todo establecido que podías operar de esta manera, claro ahora ya lo cita el articulo 21 constitucional, que el ministerio publico y las corporaciones policíacas de todos los niveles de gobierno, tienen que coordinarse entre si para cumplir los objetivos en cuanto a materia de seguridad publica, claro pone como mando y conducción al ministerio publico, pero vamos el MP pertenece a la procuraduría de los estados y estos obedecen al ejecutivo estatal y el MP de la federación al procurador de la republica que obedece a la ejecutivo federal, entonces la primera policía del pueblo que es la policía municipal debe respeto y mando del ejecutivo municipal, claro en ejercicio de sus funciones de investigación prevención y persecución de los delitos el MP tiene mando y conducción de las policías, entonces cuando la policía no funciona de quien es la culpa de fallas, necesitamos que por cada municipio trabajen con el director de la policía municipal de 2 a 3 agentes investigadores y uno con grado de investigador en jefe, que dicte las directivas de prevención, investigación y persecución de los delitos y establezca los controles de los índices delictivos a la baja que mantengan en calma a los municipios, que por ahora es lo mas requerido por la sociedad.

Claro no es cosa fácil instalar agentes investigadores en los municipios, hay mucha oposición por la gente del dinero que patrocina a los políticos y no quieren que agentes investigadores, les anden husmeando los negocios no de todo claros y para los políticos es mas fácil dominar una policía preventiva, que una policía investigadora, porque el policía preventivo deja de ser policía en su descanso y el policía investigador sigue siendo policía las 24 horas del día, así que si se encuentra de descanso, va a seguir recibiendo información de sus casos y si hay algo urgente tiene que interrumpir su descanso, para ir a trabajar un asunto en concreto.

Ejecuciones por presión.

Es cuando el crimen organizado se ve obligado a llevar acciones en contra de las fuerzas del orden, ya que están detrás de ellos combatiéndolos, incomodándolos, acosándolos, la mayoría de las ejecuciones antes y ahora son por ajustes de cuentas, incumplimiento entre el hampa y la autoridad, traición entre el hampa, robo de drogas, robos de efectivo que viajan de norte a sur por pago de drogas, invasión de zonas de operaciones de drogas, ejecuciones para que la autoridad baje su intensidad de combate, actualmente han ejecutado a decenas de titulares de seguridad publica, policías de diferentes rangos, personal castrense, presidentes municipales y ministerios públicos, algunos producto de sus acciones legales o ilegales en contra del narco, muchos de ellos pudieron haber salvado su vida, pero no tomaron medidas de prevención para salvar su integridad o renunciar para no verse involucrados en situaciones comprometedoras, algunas medidas preventivas pueden ser traer escolta, ayudantes personales, chóferes entrenados en conducción preventiva, evasiva, disuasiva y defensiva, transportarse en camionetas suv y vehículos compactos con blindaje III o VI o blindaje parcial, que también sirve para el funcionario que domina la conducción evasiva, pero sobre todo tu sentido común bien desarrollado, que te permita dilucidar el efecto de una acción o trabajo realizado como una escaramuza, donde no se respetaron las reglas básicas del combate y hubo muertes injustificadas, puestas a disposición de personas ante juzgados federales con pruebas legales o sembradas, falsas testificaciones que irrite a tus acusados y suba el deseo de venganza, desquite o buscar quien me la pague no importa si me la hiciste o no.

Narcomenudeo-narcosecuestro.

Narcosecuestro, una vez llevados a cabo, los parientes y conocidos de la victima por lo regular en un porcentaje de 85% aproximadamente no denuncian el delito, si en un secuestro de una persona integrante de nuestra sociedad productiva y empresarial, que no tiene nada que ver con la mafia, bueno al menos aparentemente, en un 60% no denuncian el delito de secuestro a la autoridad o no ponen demanda penal ante el ministerio publico del fuero común o de la federación, bueno eso era lo que venia estilando, pero ahora con la guerra contra los carteles se ha desatado una verdadera alarma y psicosis, ya que de inmediato no se puede establecer con que carácter una persona es detenida, levantada, secuestrada, privada de la libertad, aprehendida, desaparecida(o) en un reten con características militares o policiales y no hay forma de establecer si se trataba de la autoridad o no y que en muchas de las ocasiones reina la teoría de la confusión y termina la autoridad culpando a la delincuencia y viceversa de un hecho delictivo.

En un narcosecuestro por lo regular las familias no hacen denuncia o escándalo ante la autoridad, porque muchas de las familias del narcosecuestro participan en sociedad en el narcomenudeo y algunas familias mejor mantienen un perfil bajo, para ver como resolver la situación, en un narcosecuestro al igual que en un secuestro la familia es mas o menos presionada por la autoridad a denunciar el delito delictivo, cuando este se comete frente a muchos testigos o es de conocimiento publico, si el delito no es conocido la autoridad oficialmente no hace ninguna investigación, porque la estadística criminal aumentaría considerablemente, muchas de la veces la autoridad de entrada comete el error de estigmatizar a la familia del desaparecido con la mafia, para minimizar la presión que ejerce la sociedad sobre la pobre actuación en materia de seguridad publica, que ya hemos constatado se ha equivocado en sus actuaciones.

Narcomenudeo, narcosecuestro y secuestro, mantienen una interactuacion constante en nuestra sociedad, un tanto corrompida por haber perdido el control de la drogas, que se tenían de los carteles que se dedicaban únicamente al negocio de las drogas, estos han diversificado sus actividades delictivas o al menos los culpan de las acciones criminales de narcosecuestro o levantones, que se han vuelto una arma de la mafia y de los que aparentan serlo, para intimidar y cumplir amenazas contra quienes combaten en su contra, les asesinen personal, les peleen la plaza o los quiten droga y dinero.

Actuación de la seguridad publica.

Se dice que la delincuencia rebaso a la autoridad, esa percepción es verdadera, mientras la mafia tenga nuevos jóvenes producto de la pobreza, las grandes diferencias sociales y la inequidad económica, siempre será fácil para la mafia reclutar nuevos miembros, por lo que los políticos deben de cambiar las leyes laborales de la policía, no se deben de apartar de la ley federal de trabajo, el tratar a la policía con leyes especiales a llevado al fracaso de esta, por no tener los elementos policíacos seguridad laboral, es decir si involucran a la policía con el narco despiden a toda la policía, algunos sin deberla ni temerla y son arrojados a la calle donde al caso algunos son indemnizados, pero eres marcado o boletinado al consejo nacional de seguridad publica, para que ya no tengas trabajo de policía, cuando no se les comprobó un delito penal, esta política beneficia a la mafia, porque es fácil involucrar o mal informar a la policía de que los protege, cuando no es así, todo esto beneficia a la gente del lavado de dinero, porque mientras la mafia y la policía se enfrascan en un combate y acusaciones que entretienen a la gente, los del lavado del dinero inyectan dinero a la economía, saneando los recursos en corto plazo.

En México no se puede aplicar 0 tolerancia, todo el sistema político esta permeado por el sistema empresarial, estos por el lavado de dinero, estos por la mafia, estos por los carteles, estos por la delincuencia organizada, común y un gran sector de la población, que de alguna forma tiene que vivir de la ilegalidad, claro desempeñando un trabajo que ante la ley es legal y todas estas fuerzas se contraponen, la honestidad es una palabra, que tendrá que esperar un poco mas, ya que por tratar de implantarla con todo el peso de la ley, pues se ha provocado una guerra casi generalizada y una violencia a gran escala, claro entiendo que los dos sexenios pasados estuvo un poco flojo el control del narcotráfico.

Fiscales y jueces, que le siguen el juego a la corrupción.

Desaparecer, contaminar, manipular, implantar evidencia, arreglarse antes del parte informativo de la policía, durante el periodo de 48 horas del ministerio publico o en la consignación frente al juez con una averiguación previa floja, que permite durante el proceso penal las acusaciones se caigan, con testigos indecisos, inseguros, comprados, coaccionados, amenazados, aterrorizados, intimidados, desaparición de testigos, todo lo citado es producto de un estado corrupto, donde el mas poderoso aplasta al menos, burlando la justicia, continuando con el tema de la corrupción en nuestro sistema de administración e impartición de justicia, desaparecer evidencia, contaminarla, eliminarla, implantarla, suplantarla o cambiarla, desaparición de testigos, confundir a la victima para que no reconozca a su atacante, es increíble como nuestro sistema de justicia se a vuelto experto, no en aplicar correctamente la justicia, si no en como burlar la propia ley, incluso muchas de las veces las motivaciones para cometerlos no es el dinero, si no otras clases de perversiones y servilismo, a si sistemáticamente y a diario se cometen pequeños y grandes crímenes administrativos y penales de forma consiente, inconsciente, intencional y por indiferencia.

Aplicación de la fuerza publica.

La fuerza publica con la que cuenta el estado de carácter civil o militar, al aplicar esta fuerza para restablecer el estado de derecho, siempre habrá una reacción del ciudadano dependiendo de su educación, algunos tendrán una percepción diferente del marco jurídico de actuación de la aplicación de la fuerza publica, otros de plano no la entienden, no conocen sus derechos civiles, las personas que si los conocen no sufren, son respetuosos de la ley, no le estorba a la autoridad y sabe reclamar sus derechos cuando son atropellados, siempre la seguridad publica tendrá problemas con los grupos de presión, manifestaciones violentas, invasores de predios y manifestantes pagados o enviados por la narcopolitica, hay que tener mucho tacto al aplicar la fuerza publica siempre habrá gente del grupo que quiere inmolarse, morir por la causa, provocar su muerte a favor de su grupo y demandas de esta forma el grupo mide de que tamaño es el valor combativo o eficaz que tiene la fuerza policial, si el grupo radical ve el titubeo de la autoridad este grupo hará lo que se venga en gana y cuando la autoridad quiera actuar será demasiado tarde el daño estará hecho.

Para aplicar la ley en el país, hay que tener la premisa, que hay fuerzas opuestas dentro del mismo sistema político, las cuales hay que sopesar y saber manejar antes, mucho antes de pensar en combatir a las fuerzas negativas de nuestra sociedad. Para combatir el crimen no se puede ser completamente duro y aplicar toda la fuerza del estado, eso fue arriesgado simplemente no se puede, hay influencias internas, regidas por fuerzas externas, que manejan grandes intereses y el que intente eliminar por completo esas fuerzas, en el mejor de los casos simplemente te apartaran del camino, aun con vida.

Defensa propia.

Tanto el policía como el ciudadano tienen que cumplir ciertos requisitos, para que el ministerio público considere legítima defensa, el policía y el ciudadano en este país tienen un marcado temor en el tema de defensa propia, hay que tener mucho criterio, arrojo, cabeza fría, decisión, cautela y muy juicioso o pensamiento rápido cuando se presente una situación, que probablemente vaya a desembocar en una legitima defensa, primeramente si hay cierto tiempo y se encuentra usted a salvo o alejado un poco del peligro, apóyese en la autoridad y familiares ahora ay bastante ayuda con el servicio de la telefonía celular, si definitivamente usted ciudadano tiene que actuar en una situación de peligro solo hágalo si tiene una cierta ventaja u oportunidad, no utilice mas fuerza de la necesaria, pero asegúrese que el oponente este sometido, el policía en cambio tiene que asegurarse en una situación de peligro, proteger la vida de terceros al verse obligado a utilizar la fuerza letal y asegurar, presentar o tomar datos de sus testigos, porque posteriormente lo mas seguro sea demandado, por abuso de autoridad, exceso de la defensa propia, lesiones, homicidio, asedio por parte de los derechos humanos, indemnizaciones y daño a las cosas, por aquello que ametralles autos, casas o negociaciones, claro en cumplimiento de la ley.

Las armas en el hogar.

En México se permite la posesión de armas de fuego en los domicilios con la simple declaración de la misma ante la SDN, cuando efectúas el registro del arma de fuego es solo eso, porque advierte que no autoriza la portación del arma.

Hay muchos criterios mal enfocados en cuanto a la posesión de armas de fuego, pareciera que cualquier ciudadano que quiere tener una arma de fuego o ya la tiene es enemigo del gobierno, sociedad y un peligro para su vecino, en México no tenemos una educación en cuanto a las armas de fuego, será porque estas en el pasado han derrotado gobiernos y han amenazado a otros en épocas mas recientes y todo lo que respecta a las armas de fuego, esta restringido para el grueso de la población, pero recuerden que los mas prohibido es lo mas requerido por nuestra sociedad, nuestra constitución dicta en el Artículo 10. Los habitantes de los Estados Unidos Mexicanos tienen derecho a poseer armas en su domicilio, para su seguridad y legítima defensa, con excepción de las prohibidas por la Ley Federal y de las reservadas para el uso exclusivo del Ejército, Armada, Fuerza Aérea y Guardia Nacional. La ley federal determinará los casos, condiciones, requisitos y lugares en que se podrá autorizar a los habitantes la portación de armas. Si pero en la practica, no hay armerías con precios competitivos, para que la gente común adquiera una arma de fuego y mejor no hablamos de obtener una portación o pertenecer a un club de caza y pesca, eso es para la clase media alta, como es posible que nuestra ley de armas de fuego y explosivos y su reglamento este sumamente restringida y es solo para los amigos cercanos de las primeras autoridades de los municipios y de los estados, cualquier otro que pretenda una portación o una licencia para un club de caza y pesca, lo mas seguro es que no se la den, los gobiernos por venir deben de modificar esta situación, estamos junto al mercado mas grande del mundo en cuanto a las venta y portaciones de armas por civiles como lo es EU, damos la impresión de que para nada estamos educados en cuanto a las armas de fuego, el gobierno no nos protege a todos no tiene el suficiente personal para estar en todas partes, tienen que cambiar las políticas en cuanto a la portación y posesión de armas de fuego, por los cuidadnos, policías y militares, ya no debe de seguir muriendo gente que no tiene la forma de defenderse de un ataque a su persona, familia y posesiones, se deben abrir armerías bien surtidas con armas de fuego de calidad, para defensa personal y deportivas, otorgarle licencias de portación de armas de fuego a la gente, dar las facilidades para abrir clubs de caza y pesca, para que halla lugares para que la gente realice sus practicas con armas de fuego, medidas de seguridad, defensa propia con armas de fuego y el marco jurídico, que te da confianza en caso de una defensa propia y de los tuyos.

La federación se equivoco al iniciar una guerra cuando su principal ejercito, que es la población estaba desarmada para defenderse de las consecuencias de la batalla y represalias de ella, ahora suman mas de 50,000 los muertos en 5 años y la autoridad solo se hace responsable de menos del 5% de los muertos en combate y de conocimiento publico, del resto en su gran mayoría nunca se sabrá.

Actuación de la policía con respecto de otras.

Por lo regular todas las policías si cuentan con un curso básico de entrenamiento, academia, instituto, cursos, adiestramientos y aprendizaje por modelos de sus compañeros con experiencia, pero una vez puestos los policías en la calle, su manual esta únicamente en su cabeza, lo que aprendió del marco jurídico, teoría policial y garantías individuales, día a día se ira formando su criterio y actuación, la sociedad espera que su desempeño si no es el mas acertado se acerque a el y no desvíe su camino, en realidad todas las policías son eficientes y operantes, pero en términos de labor investigadora es donde se ve la actuación un poco diferente en cada estado, estos les marcan la pauta y el grado de sagacidad investigadora es regulado por sus propios directivos, al señalarles donde no deben dirigir sus investigaciones, basta con decir no anden metiendo la nariz donde no deben, nada de tocar intereses, por esta razón no se hace el trabajo cayendo el policía en omisión del servicio, por esa causa se hacen despidos masivos de policías, pero los policías que si van al ataque de la delincuencia, pues ya conocen como les va, si hacen buen trabajo profesional hasta la mafia lo reconoce, pero si en las detenciones, hay traiciones y arbitrariedades contra las familias de la mafia hay repercusiones muy graves y sensacionalistas.

Porque la gente no denuncia delitos ante el ministerio publico.

Utiliza la gente el sentido común, el criterio, la aritmética, el temor, falta de valor cívico, falta de tiempo y dinero, el miedo, ignorancia de la ley, como obstáculos para no demandar la comisión de un delito a su persona o a otras personas o a sus pertenencias o bienes públicos, ya sea por denuncia o querella o señalarle a la autoridad delitos de oficio, el ciudadano debe de verse realmente afectado en su persona o pertenencias, para denunciar un delito y aun así en delitos del fuero común, las personas llegan a acuerdos extra judiciales, se otorgan el perdón, retiran demandas motivadas por cualquier causa, se llegan a acuerdos monetarios, la gente debe tener mucho cuidado al demandar delitos de oficio, debe estar bien informado, tener el suficiente valor civil, para que se defienda, porque la autoridad te alienta a que denuncies delitos federales de oficio, aunque lo hagas anónimamente, graban tu voz, la zona de donde llamaste, nunca se te ocurra llamar de tu teléfono personal ni el de tu casa, para denunciar delitos federales, únicamente cuándo tu vida este en serio peligro, si vas a denunciar un delito federal toma tu precauciones, utiliza un distorsionador de voz o teléfono publico alejado de tu hogar, que no sea captado por las cámaras de vigilancia de seguridad publica, ni de centros comerciales, porque, después la mafia con su dinero identificara esa voz de ardillita, que los denuncio y pues no habrá autoridad que te defienda, ni quien te ponga seguridad personal o escoltas, la gente que por causas circunstanciales es testigo en juzgados federales, contra la delincuencia organizada y o gente con capacidad criminal alta, a muchos de ellos, pues no les ha ido nada bien, por esa causa ahora la PGR va a llevar un programa de protección a testigos y victimas de delitos federales, porque ya hemos visto el final de muchos de ellos, hasta en video.

La gente casi de forma generalizada, no denuncia delitos menores, como una bicicleta, tanque de gas o alguna que otra pertenencia, que la persona considera le va hacer perder tiempo y dinero denunciar este delito menor, aun sabiendo quien lo robo, que situación difícil para nuestra gente, que tiene que continuar viviendo y aprender a defenderse y cuidarse casi solo o entre vecinos en zonas de alto índice delictivo, claro ya vimos desplazamientos masivos de personas huyendo de la violencia y robos de muchos pueblos y ciudades de la republica, pero mucha gente se ha tenido que adaptar a la nueva situación de peligro, porque tiene temple y otros pues no les queda mas remedio, no tienen recursos para comprar casa en ciudad segura o irse a vivir al extranjero.

Manifestaciones, violencia pacifica o guerra de baja intensidad.

Violencia ejercida que no se castiga, bueno el gobierno aplica su estira y afloja en la aplicación de la ley, porque conoce que muchos de los reclamos son razonables y otros son para desestabilizar algún sistema político o gobierno, todas estas manifestaciones y reclamos de derechos, son ejercidos por grupos de presión, sindicatos, estudiantes, grupos de derechos humanos, todos estos sectores le toman la medida a la autoridad, que no actúa, actúa y se equivoca, actúa y después perdona dejando en libertad a los detenidos, que causaron algún tipo de daño publico o exonerados por un juez de toda culpa, lo malo del asunto que se puede decir que parece que esto forma parte de nuestros usos y costumbres, que es la forma y lo dice la historia, que es como el pueblo ha logrado obtener resultados por parte del gobierno, por esta razón los grupos de presión son siempre vigilados y monitoreados por la autoridad, porque estos tipos de grupos en muchas partes del mundo, han sido los detonadores para que grandes gobiernos caigan.

La seguridad pública necesita ideas nuevas y lideres conspicuos.

Claro no es cosa fácil es complicado cambiar mentalidades de la noche a la mañana, las cosas se ensombrecieron en nuestra sociedad con la narcopolitica, una facción del neoliberalismo empresarial ávido de inversiones nuevas, que poco le importa y no quieren saber de donde vienen los recursos y cuanto dolor y sangre causo ese monto de dinero, que ahora busca lavar sus culpas de su obscuro pasado en negocios sanos, pero a todas luces con rasgos de ilegalidad, obviamente estas inversiones con pasado negro continuaran causando daño a otros negocios con capitales sanos a los cuales les hará desleal competencia los acosara, exterminara, intimidara, quebrara y por ultimo los absorberá adquiriéndolos por medio de terceros compradores, de todo esto se desprende muchas situaciones relacionadas directamente con seguridad publica, no es de extrañarse que aún no este lista la nueva ley de lavado de dinero, por ahora se castiga el lavado de dinero y dinero de procedencia ilícita, siempre y cuando te involucren en delincuencia organizada, pero si mantienes bajo perfil en negocios de lavado raramente serás molestado por la autoridad, claro en todas las sociedades se da cierta tolerancia al lavado de dinero y circulación de drogas, siempre y cuando no se salgan de control los problemas de seguridad publica.

Por ahora hay que esperar que prometerán los políticos para el 2012, creo que ningún político tendrá éxito si no tiene una buena estrategia y buenas iniciativas de reformas de seguridad publica, que le permitan prometer el retiro del ejercito de las calles, peor estará el político que diga que va a retirar el ejercito de las calles, pero no precisa sus ideas con respeto a la mafia mexicana, acabado estará el político que diga que va a continuar con la batalla con el ejercito en las calles, sin ninguna idea que apacigüe la batalla, las muertes de inocentes, la quiebra de negocios.

Los políticos del 1012 tendrán que ser innovadores, sin prejuicios, tolerantes, incluyentes, incluso aliarse, no podemos arriesgarnos con un gobierno, que nos vaya a llevar a una situación extrema, claro dos o tres niveles mas de la actual que nos ponga al borde de una intervención externa, por vernos incapacitados para resolver nuestros propios problemas.

Levantón.

Levantón es el momento culminante, preciso, planeado o casual, oportunista, ventajoso cuando se lleva a cabo una operación totalmente clandestina e ilegal del aseguramiento de una o varias personas implicados en delincuencia organizada, funcionarios públicos, del sector empresarial y sociedad civil pudiente, el Levantón lo realiza el mismo cartel VS cartel, autoridad VS cartel, autoridad VS delincuente común, cartel VS delincuente común, autoridad VS autoridad, el Levantón está motivado por una venganza, deuda de drogas, secuestro para solicitar rescate, obviamente para una ejecución, escarmiento, golpiza y por presión entre autoridades o entre partidos políticos, esta modalidad de secuestro o levanton es poco perceptible por la sociedad.

El Secuestro Express se efectúa para obtener una suma considerable en relativo corto tiempo, los captores le exigen a la familia del secuestrado reúnan todo lo que se encuentre al alcance en efectivo o en especie, para efectos del pago del rescate de la victima, incluso la misma victima retira dinero de sus cuentas bancarias o entrega títulos de propiedades siempre y cuando estén a su alcance para entrega inmediata, porque de otra manera se reconfiguraría el delito a una extorsión.

El secuestro de forma generalizada sigue siendo el arma preferida de los grupos facciosos del poder, para intimidar al enemigo o gente que esta en desacuerdo con ellos, por esta razón muchas cámaras locales no han podido simplemente instaurar las leyes necesarias y aportación de recursos financieros, para operar los grupos especiales antisecuestro, claro no sabemos si la inoperancia de las cámaras locales en cuanto a la materia del secuestro obedezca a una delincuencia institucionalizada o a unas instituciones intimidadas, amenazadas o indiferentes a los requerimientos urgentes de la gente.

Arraigo

Una práctica legal muy cuestionada, para integrar correctamente una Averiguación Previa, para su debida consignación o también un periodo para subsanar errores, atropellos, abuso de autoridad, improfesionalismo de la policía, ministerio publico, peritos, personal castrense y demás torpezas cometidas en los procedimiento de las detenciones de presuntos culpables de algún delito.

Todo pasa cuando una o mas personas son arraigadas por la autoridad por regla más de tres en delincuencia organizada de nivel federal o de asociación delictuosa del fuero común, los arraigos a nivel federal (+ 3) provocan reacciones violentas ajustes de cuentas, como asesinatos, ejecuciones, levantones, tiroteos, ataques a policías, ejercito y a instalaciones de la autoridad, el arraigo es un instrumento para el administrador de justicia, donde se corrigen errores, pero el abuso de este instrumento legal denota mucho improfesionalismo de las autoridades como policías, MP, peritos, personal castrense, en el periodo de arraigo de hasta 80 días se abre un periodo de investigación y evaluación de pruebas, que da oportunidad a ambas partes, fiscal acusador y abogado defensor del arraigado de llevar a cabo sus diligencias, claro todos querríamos que la policía y el Ministerio Publico conjunte todas las pruebas correctas y resolviera profesionalmente en las 48 horas de ley la situación jurídica de cada persona detenida.

Los zetas absorbidos por el cartel del golfo.

Grupo de militares de diversos rangos y del grupo de elite llamado GAFES grupo aerotransportado de fuerzas especiales, que fueron comisionados por el general Guillermo Álvarez Nara, director de la Policía Judicial Federal, en el año de 1996 para trabajar en la policía judicial federal PJF, dependiente de la PGR encabezada por el Lic.

Lozano Gracia, obviamente autorizados por el presidente Ernesto Zedillo y se integraron a la corporación y fueron enviados a toda la frontera desplazando de sus cargos a los policías de carrera de la policía judicial Federal ocupando mandos de (Y) Yanquis subdelegados PJF en la capital de los estados, grado equivalente a director general de policía en un estado,(X) xola pero todos la pronunciaban equis, primer y segundo comandante, grado equivalente en un estado a subdirector general de policía en un estado y (Z) zulu, pero todos la pronunciaban zetas, segundo subcomandante o jefes de grupos, estos últimos son los que comandan a los policías judiciales federales con claves Alfa, Beta y Coca, personal operativo e investigador, el cual fue sometido al mando de militares, el personal militar al encontrarse laborando en un ambiente totalmente distinto y con total libertad de acción, muy diferente al ambiente castrense de orden y disciplina relajó su comportamiento, se implicó en el narco, donde de ganar 10 mil pesos al mes, sueldo de militar y de PJF el narco le daba 10 mil dólares, solo por decir una suma, por dos horas de trabajo según el caso.

La falla técnica-policial.

¿La seguridad pública por qué falla? Comienza desde un simple omisión en el cumplimiento en el deber, salarios que no cubren las necesidades del elemento, personas inexpertas que ocupan direcciones impuestas por la superioridad, el temor, la tibieza de los gobernantes por los costos políticos que se sufren por actuaciones equivocadas de sus policías, gobiernos municipales contaminados por el narco o amenazados o sometidos o de plano municipios narcopolitizados, por eso se da el fenómeno de la inseguridad, también influye en cuestiones de seguridad publica, el color del partido gobernante con respecto al color presidido en los municipios, por problemas de límites de estados y en muchas ocasiones se ha percibido que de plano la policía estatal demora su actuación o no hace nada en municipios con diferente partido político con respecto al del gobierno del estado.

Coordinación rinde frutos.

La coordinación entre corporaciones federales estatales y municipales es la principal preocupación del Gobierno Federal por eso se creó la comisión nacional de seguridad publica para lograr un entendimiento, crear lazos y una efectiva coordinación entre los tres niveles de gobierno y se reformo el articulo 21 constitucional que cita ".... La investigación de los delitos corresponde al Ministerio Público y a las policías, las cuales actuarán bajo la conducción y mando de aquél en el ejercicio de esta función. ....", es una situación difícil de lograr por la diferencia de colores de los partidos gobernantes, ya que se dan muchas situaciones donde la seguridad pública de alguna manera tiene que actuar para restablecer el estado de derecho y en muchas ocasiones la seguridad pública se ve en su actuación reflejado algún estado de ánimo, resultado de una orden superior con finales poco satisfactorios traducidos en abusos de autoridad, por omisión o comisión de hechos en donde el elemento policiaco se ve en una situación terrible donde no atina su actuación, por no tener clara la orden dejándolo a su suerte con resultados que todos conocemos como levantamientos, secuestros, abusos de autoridad, situaciones dadas porque el elemento entró en pánico o se veía amenazada su seguridad personal y no supo manejar su defensa propia, no pondero la situación, no pidió auxilio a tiempo, no consultó a sus superiores, se metió en una extorsión y todo salió mal tomando en cuenta que el elemento federal, estatal o municipal, tiene un curso mínimo de 06 meses o es policía de carrera con antigüedad de 04 años a partir de la publicación de Sistema Estatal de Seguridad Pública 1996.

Bueno cuando menos esperamos que la actuación de la seguridad pública aplique su mejor criterio en el manejo de situaciones que sus directivos sean valientes e íntegros cuando definitivamente tengan que serlo.

La desorganización policial igual a malos resultados.

La desorganización entre corporaciones policíacas de los tres niveles de gobierno deja al ciudadano en un estado de confusión, vulnerables, enojo, desilusión, no alcanza a comprender el por qué pasan las cosas en materia de inseguridad pública, el por qué de fenómenos de inseguridad en zonas muy marcadas, no se explica a la sociedad el por qué, mucho menos va poder remediarlo ni ellos mismos saben cómo atacarlo, son muchos los obstáculos a la que se enfrenta la seguridad pública que le impiden llevar a cabo su cometido, una de ellas es la concentración masiva de personas sin la suficiente infraestructura en una sola zona para centros de trabajo como CD. Juárez con su zona de maquiladoras, centros de aduanas en Nuevo Laredo o concentración de poderes D. F., de estos tres lugares solo el D F tomo medidas pertinentes en cuanto a seguridad publica en los últimos diez años, hoy tienen buenos resultados, el influyentismo, una facción del neoliberalismo, la narcopolitica, la mafia mexicana, es un freno permanente que enfrenta la seguridad pública, vuelve a nuestra policía muy mansa, muy tibia, el costo político retarda órdenes de actuación directa y firme, operativos mal planeados con resultados nefastos, claro hay a quienes les favorece una policía que no sabe interpretar el derecho en sus términos, sus tecnicismos, el amparo, el fuero constitucional, etc., pareciera ser internacional pero las cosas siguen mas o menos igual en el ámbito policial.

Mandos militares a seguridad pública son seguros y confiables pero...

El entrenamiento militar con alta disciplina lealtad, amor a la patria, perfecto para respaldar al país ante cualquier situación, pero cuando son puestos de golpe en funciones de seguridad pública el militar necesita ordenes, autorización, consultar, pedir permiso, Vo.Bo., para todo, como se estila en el medio militar al contrario del policía común de carrera que se tiene que forjar un criterio basado en la constitución política mexicana y códigos penales para resolver pequeños y grandes incidentes, problemas y situaciones, informar lo relevante, actuar en el momento preciso prever situaciones, saber asegurar a los implicados involucrados en un presunto delito o guiar y asesorar a las personas a la oficina correcta que les atenderá su caso en particular, el militar no fue entrenado para atención directa al ciudadano, es decir entrar en debate, discusión, alguna instrucción técnico jurídica que le ayude al ciudadano, le oriente, le ayude a la persona que lo requiera, la disciplina y el reglamento militar no les permite muchas cosas al elemento castrense, que si hace un policía común, además el articulo 21 constitucional dice que "" Las instituciones de seguridad pública serán de carácter civil, disciplinado y profesional."" hoy están completamente militarizadas, claro los militares fueron enviados a seguridad publica, porque las policías civiles se vieron rebasadas por la violencia en las calles, hoy los militares están rebasados por la opinión publica, por sus excesos y violaciones sistemáticas de las garantías individuales y es que policías y militares se encuentran atrapados en un sistema jurídico laboral donde se ven obligados a obedecer ordenes no de todo claras o legales, ya que según el articulo constitucional 123 dice "" Toda persona tiene derecho al trabajo digno y socialmente útil; al efecto, se promoverán la creación de empleos y la organización social de trabajo, conforme a la ley."" pero en el apartado B cita la situación que guardan policías y militares apartado B. Entre los Poderes de la Unión, el Gobierno del Distrito Federal y sus trabajadores: fracción XIII. Los militares, marinos, personal del servicio exterior, agente del Ministerio Público, perito y los miembros de las instituciones policiales, se regirán por sus propias leyes.

Los agentes del Ministerio Público, los peritos y los miembros de las instituciones policiales de la Federación, el Distrito Federal, los Estados y los Municipios, podrán ser separados de sus cargos si no cumplen con los requisitos que las leyes vigentes en el momento del acto señalen para permanecer en dichas instituciones, o removidos por incurrir en responsabilidad en el desempeño de sus funciones. Si la autoridad jurisdiccional resolviere que la separación, remoción, baja, cese o cualquier otra forma de terminación del servicio fue injustificada, el Estado sólo estará obligado a pagar la indemnización y demás prestaciones a que tenga derecho, sin que en ningún caso proceda su reincorporación al servicio, cualquiera que sea el resultado del juicio o medio de defensa que se hubiere promovido.

Las autoridades del orden federal, estatal, del Distrito Federal y municipal, a fin de propiciar el fortalecimiento del sistema de seguridad social del personal del Ministerio Público, de las corporaciones policiales y de los servicios periciales, de sus familias y dependientes, instrumentarán sistemas complementarios de seguridad social.

El Estado proporcionará a los miembros en el activo del Ejército, Fuerza Aérea y Armada, las prestaciones a que se refiere el inciso f) de la fracción XI de este apartado, en términos similares y a través del organismo encargado de la seguridad social de los componentes de dichas instituciones.

Dicho apartado B fracción XIII donde se cita '' Los militares, marinos, personal del servicio exterior, agente del Ministerio Público, perito y los miembros de las instituciones policiales, se regirán por sus propias leyes.'' dichas leyes suelen rayar en la ilegalidad, ya que no respetan a la propia ley del trabajo, como es trabajo de 8 horas y pago de horas extras en caso de continuar con la jornada laboral, si no cumples una orden ilegal, podrías ser arrestado, incluso se te puede inventar una acta, un delito, faltas para enviarte a un consejo de honor y justicia de la policía o justicia militar para el personal castrense, otro de los graves problemas que enfrentan es el de permanencia en la corporación, ya que una vez dentro de esta, pueden ser despedidos nada mas por no pasar el polígrafo detector de mentiras, aparato nada confiable sin registro oficial en México, por eso no es utilizado en juicios penales en México, ni en la mayor parte del mundo, pero en México, puedes despedir aun policía por no pasarlo, también pueden reprobarte si logras burlarlo, es decir que tu organismo no les aporte los parámetros, que necesita el poligrafista como las pulsaciones, la respiración, respuesta galvánica de la piel y demás cuestiones subjetivas, el policía o militar poco puede hacer para defenderse, ya que dichas instituciones se rigen por sus propias reglas lo dicho, fue ratificado por la suprema corte de justicia de la nación y publicado.

La Ley Federal del Trabajo no protege a los policías: SCJN.

El día 23 de junio de 2011 `por La Segunda Sala de la Suprema Corte de Justicia de la Nación (SCJN) ratificó la exclusión de los integrantes de las corporaciones policiales del régimen de protección de la Ley Federal del Trabajo, al establecer que este ordenamiento no aplica para determinar las prestaciones que debe comprender su indemnización al ser dados de baja.

Destacaron que la Ley Federal del Trabajo regula exclusivamente las relaciones laborales entre personas de derecho privado, razón por la que en ese sentido no resulta aplicable a las relaciones de naturaleza administrativa, que conforme a la propia Constitución General, deben regirse por sus propias leyes, para los integrantes de las fuerzas armadas y de la administración de justicia, policías, ministerios públicos y peritos, por lo cual el derecho de igualdad de todos los mexicanos, ante la constitución queda entredicho o no se respeta.

De esta forma los políticos tiene sometida a la policía y al ejercito, si no se les puede ayudar a ellos con su situación laboral, creo que ellos por eso no pueden hacer gran cosa por la gente y no pueden actuar contra la gente del lavado, políticos corruptos, una parte del neoliberalismo faccioso, la narcopolitica, delincuencia común y organizada, el ejercito y la policía deberían de darse cuenta que han sido utilizados por un sistema que ha creado un circulo vicioso, donde los políticos de los estados utilizan las policías para proteger negocios ilícitos y luego la federación utiliza al ejercito para detener a los policías, pero como el ejercito no es policía nunca involucra a ningún personaje de importancia política, empresarial o de cualquier tipo involucrado en la delincuencia organizada a si que puro delincuente común o empleados de la mafia va a la cárcel, ningún jefe importante a la fecha esta en la cárcel, ahora la policía y el ejercito solo es utilizada para quitar la delincuencia que se ve superficialmente, todo lo demás no se vale ni mencionarlo, porque es pura gente bien entramada con el circulo del poder y como policía o miembro del ejercito, pues son simples mortales, que para laborar tienen que cubrirse el rostro para no ser identificado por la delincuencia común u organizada, así que si tocan a alguien importante, la vida del policía o soldado esta en serio peligro, ya que el dinero revela cualquier identidad, además del hecho de pretender desaparecer a la única policía investigadora federal AFI, que era la policía que mantenía un equilibrio constante de no desborde de la delincuencia. Con el aumento de la elevada criminalidad coincidió con el desmantelamiento de la AFI, con retiros voluntarios de personal activo en 2004 y la intervención de la PFP, para desmantelarla en el 2006, casualmente en esos años comenzó el desorden de los carteles por el control de las plazas.

Las ventajas del ejército en seguridad publica.

Bueno por ahora es buena solución mediática, no definitiva, el ejercito apoya al ejecutivo federal a recuperar el control, meter en cintura a los estados rebeldes que se niegan a combatir a la delincuencia organizada, someter al orden a las policías contaminadas por la mafia en los estados y municipios, establecer ciertos controles de orden y disciplina en cuanto al armamento utilizado por las policías, checar credenciales, oficios de comisión, verificar personal policiaco operativo, de investigación, de cumplimiento de mandamientos judiciales y ministeriales.

El que diga o prometa que el ejercito será devuelto a sus cuarteles de inmediato o gradualmente, sin haber establecido los controles necesarios en materia de seguridad publica, mentiría, sin antes tener un plan, para una tolerancia pactada, mas no negociada en cuanto al trafico y frecuencia de sustancias prohibidas que deben de continuar su viaje hacia el norte y occidente y cuan frecuente deben de entrar sustancias prohibidas de oriente, porque al pretender cortar de tajo una practica ilegal, que se toleraba en este país y que le daba de comer a mucha gente, lo único que ha resultado es en una férrea batalla violenta y oposición de los estados afectados, que mas producen y manejan sustancias ilegales que les demandan los del norte y occidente, los cuales envían recursos que mantienen la batalla en el interior del país, no podemos seguir en esta situación de guerra, porque nos vamos a acostumbrar como esos países, que llevan mas de 40 años luchando con terrorismo en sus interiores, claro con otros motivos, pero al fin motivos que es lo que mueve a la gente a realizar acciones contra la autoridad cuando sus intereses son tocados.

El ejercito demorara su retiro a los cuarteles, mientras EU y Europa occidental demande mas cocaína, mas marihuana y metanfetaminas, mientras se consuman las drogas al precio que sea, no se dejara de sembrar, producir drogas y mientras el lavado de dinero fresco, siga dando ese plus a las economías, dinero que todo lo que toca lo convierte en paraíso y prosperidad, a si que si no hay acuerdos o hegemonía entre estados y presidencia de la republica, continuara el jaloneo para establecer el control de las drogas.

Los periodistas y las agresiones recibidas.

Los periodistas se quejan de que son agredidos en el peor de los casos secuestrados o asesinados; el periodista que decide ser cada vez más osado, atrevido o cada vez más sagaz se arriesga cada momento más y más al especializar en investigar a cierto personaje controversial, actividad ilícita, régimen o gobierno; el periodista se escuda en el lema que se sepa la verdad si eso está bien a la gente le encanta; la verdad vende, da status, fama, dinero, escándalo, admiración, lo realmente peligroso es revelar verdades a medias sin sustento; sin pruebas fehacientes, especular, exhibir, esto realmente irrita al personaje controversial porque lo dicho lo pone al descubierto; lo exhibe, "lo desprestigia"; así sea el peor delincuente el tiene cierto prestigio y nadie es suficiente, para molestarlo sin pagar las consecuencias, otras de las causas de agresión es que si la investigación periodística tiene suficiente información y es publicada da pie a una averiguación previa ministerial, que pone en el banquillo de los acusados al involucrado o si esta información es utilizada por el periodista para extorsionar al investigado involucrado en una situación delicada, también las repercusiones suelen ser mortales.

El asesinato de jefes, subjefes y elementos al frente de la seguridad pública.

Se estila en la policía frases como comisión que no te toca no la tomes, no obedezcas ordenes ilegales, no andes de informante, parece ridículo pero respetando o poniendo en práctica lo antes dicho de cierta manera sin que caiga el policía en comisión u omisión, salva el pellejo, no recibe lesión alguna, no pone en riesgo a su familia, no es muerto de una forma indecorosa, es decir por desempeñarse de una forma incorrecta, es eliminado de una forma sangrienta Y sensacionalista, por haber creado compromisos con la mafia que no pudo cumplir.

Cuando el policía se desempeña con profesionalismo tomando la ley como su arma más importante, sin tomar las cosas de forma personal, desconectando las emociones que en dado momento te llevarían a cometer un abuso de autoridad, cuando en el momento lo único que tienes que hacer como policía es aplicar la ley, de ninguna manera el policía debe dejarse arengar por sus jefes con ordenes ilegales, porque una vez que ya se quebranto la ley, como policía tus jefes te abandonaran con el problema, que eventualmente te dejara fuera de la policía en el mejor de los casos, lo peor es la cárcel o la vida propia o la de la familia.

Causas que llevan a la muerte a un represente de la ley.

Encuentro casual de la policía o ejército en un recorrido habitual con la gente de XYZ, este grupo se calienta y abren fuego contra los policías o ejercito, cuando estos le marcaron el alto a la gente XYZ, hay ocasiones que la gente XYZ, si tiene éxito en sus ataques tipo emboscada o asalto.

Operativos mal planeados e ilegales por parte de la ley, por falta de presupuesto gubernamental o para extorsionar, robar droga, secuestrar.

Cuando un jefe policial de cualquier categoría recibe dinero de la gente XYZ e incumple acuerdos verbales, causando primero molestias a la gente XYZ, hasta llegar a la ejecución del jefe 1-2-3- nivel policial.

Cuando la autoridad detiene a un jefe XYZ y lo consigna, es lo más indicado pero cuando lo arraiga, acosa o extorsiona siempre quedan las ganas de un ajuste, venganza, revancha por parte de la mafia.

Ser un buen policía 100% honesto es imposible en este país, ya su jefe 1-2-3 nivel policial, le administrara bien su ímpetu al policía al momento que este administre la ley, es decir deberá ser como los otros policías, tolerante, flexible y de la vista gorda; este país aún no está preparado para los buenos policías, los buenos policías incomodan, mas a los políticos.

Ejecuciones por venganza del narco.

Son el resultado de la férrea pelea, por el control de zonas de transito, entrega, distribución y consumo de drogas, léase el Golfo, Pacífico, Frontera, zonas turísticas, zonas prósperas como el D.F., Monterrey, Jalisco, zonas de maquiladoras y aduanas en el norte del país, sean acrecentando las ejecuciones al año, tan altas como brasil, Venezuela y Colombia, que pertenecen a la zona donde salen las drogas hacia todo el mundo, muchas de ellas vía México, se han incrementado las ejecuciones, porque se elevó el consumo de drogas en el país, antes nadie pensaba un controlar una zona para hacer negocios en México, cada quien controlaba la suya la cual era solo de tránsito hacia el norte, había poco consumo nacional, el negocio del narcomenudeo era muy discreto, lo importante era llevar la droga hasta la frontera norte, ahora una zona del país, te puede dar buen negocio y amortiguar pérdidas, que se dan en el tránsito de la droga, hacia la frontera norte u otro destino mundial.

Cuesta mucho ser decente ahora en México.

La decencia es simulada ahora en comparación a con otros lugares del mundo, en México nos esta costando mucho ser decentes el día de hoy, se han perdido vidas y reputaciones de funcionarios públicos en la lucha interminable contra las sustancias prohibidas, que las ganancias de estas dan poder e influencia sobre bastos territorios del país, es difícil desarraigar la costumbre de vivir de lo ilegal, el que siembra drogas, logística de transporte de la drogas, distribución al mayoreo, medio mayoreo, narcomenudeo y todas las personas que trabajan indirectamente en torno a los centros de distribución, pero se benefician de las ventas de estas y defienden a sus patrones férreamente, un fenómeno realmente preocupante, de que va ha vivir toda esta gente que se queda sin empleo, por extinguirse la vida nocturna de bares, cantinas y demás negociaciones de actividad nocturna legales y los de actividades ilícitas.

La presión de varios millones de consumidores de drogas de Norteamérica y Europa, sobre México es terrible e interminable, ellos quieren drogas y lo que menos les importa son los daños que causa el envío de estas, en México esta todo estructurado para el envío de sustancias prohibidas, el dinero rompe cualquier cerco que le pongan.

México esta en un gran problema, por la poca colaboración de otros países en el combate a las drogas, unos por ser muy pobres y obtener beneficios por el paso o producción de drogas, otros por hacer negocios con el dinero de las drogas, por lo tanto tienen recursos para financiar uno que otro problema, que se presente en la ruta de las drogas.

El presidente ahora tiene que tener cuidado con los grupos de poder, mientras los ciudadanos tenemos que elegir ser decentes o simular serlo, mantener bajo perfil y no llamar la atención, mientras se logra consolidar algo por parte del gobierno actual o por venir, en lo particular estoy de acuerdo con los controles de sustancias prohibidas, mas no en guerras callejeras, lo que si es molesto que la delincuencia común aproveche la turbulencia, para robar y matar sin consideración alguna, por lo que el gobierno federal debe tener mas apertura, para que la población en general tenga nuevamente a disposición como en el pasado, armerías abiertas en los estados, se cambie la ley federal de armas de fuego, no es la solución, pero es parte del problema, ante tanta bravía de la delincuencia, tanta descoordinación de la autoridad y tanta pasividad de la población que no tiene con que defenderse.

Fenómeno delictivo por zonas en las ciudades.

En las ciudades donde se dan altos índices delictivos, falla la labor preventiva del delito, que inhibe al criminal, desespera y lleve a cometer errores que se traduzcan en su detención, la ley y el orden se vuelven predecibles, no hay seguimientos, ni presupuestos para pagar, ya no digamos para motivar a las fuerzas del orden para que cumplan su cometido, sino para que haya suficiente personal policial que combata el delito.

En el país se dan índices delictivos por zonas, algunos de forma fenomenal por ejemplo el norte, zona de emigración, de maquiladoras que demanda mano de obra por grandes cantidades, donde está gente trabajadora de todo el país, con costumbres diferentes, algunas conservadoras, se ven de pronto confrontadas con un estilo de vida diferente en la zona fronteriza, donde tienen que lidiar con gente violenta, narcomenudeo, tráfico de ilegales, tráfico de órganos, violencia intrafamiliar, donde las víctimas mortales han sido menores de edad y mujeres.

La zona noreste y golfo es otra zona violenta, por poseer aduanas fronterizas utilizadas por los carteles de las drogas y la importante vía marítima, terrestre y aérea del golfo, que también se violenta, por ser la distancia mas corta entre la frontera sur con el norte.

La zona del pacifico es la mas violenta del país, por ser zonas de cultivo, acopio, despacho de cargamentos, llegada de cargamentos de Asia y Sudamérica, salida de cargamentos hacia E.U., claro estamos hablando de drogas y armas de fuego.

Así se da el fenómeno de la criminalidad por zonas, depende de la actividad que se da en una zona, el crimen organizado ve la forma de sentar sus reales al ver el potencial, para sus actividades criminales.

Los políticos y las promesas de cambio en materia de seguridad publica.

En un país democrático, los políticos en sus promesas de campaña, ante el electorado, dicen que combatirán la inseguridad pública, mejoraran la policía, combatirán la delincuencia común y organizada, pero todo queda allí, no hay tales mejoras es muy difícil, no hay dinero, el funcionario es tan pillo, que para que quiere una policía profesional y a si asido por décadas, si en este momento se le preguntara al político y al policía, si efectuaron sus actividades profesionales que les corresponden y todo al pie de la letra, el político y el policía estuvieran en la cárcel, pero quien cerraría el candado.

Al gobierno no le importa una policía profesional, ya fabricó algunas, pero en la práctica son lo mismo, caen en los mismos errores y prácticas viciadas y ahora también arrastran al ejercito que también comete excesos, los representantes políticos de los votantes al estar frente en el poder, se convierten en jefes inmediatos de la policía y la corrompen con directivas ilegales, para posteriormente culpar únicamente a la policía de errores cometidos, cuando la policía son los nervios del político al frente en el poder, pero algunos políticos y policías tomaran sus riesgos y violarán la ley a su antojo para subir en el poder.

Inevitable, los colores influyen.

Dentro de seguridad pública, los colores del partido oficial en turno influyen a favor o en contra en relación con sus estados, beneficiará por ejemplo a un estado gobernado por el mismo partido, en cambio con uno diferente se condiciona el apoyo federal o lo retrasan, temen que al dar el apoyo o al intervenir algo salga mal y el costo político y penal sea costoso; por ejemplo, en el país existe un grave problema en cuanto al apoyo, trabajo y coordinación de la policía federal y ejército, en relación con las policías de los estados en la intervención en asuntos de delincuencia organizada en el interior de estos, donde el gobernador no tiene ningún control directo, de los que manejan las fuerzas de policía federal y ejercito, solo tiene comunicación, en el consejo estatal de seguridad pública y su escaso personal en los estados, poco o nada puede hacer para detener o contener a la delincuencia organizada.

Quizá algunos de los puntos, donde radique el problema de inseguridad publica sean los representantes políticos de los gobernados, políticos, que a lo largo de su trayectoria, algunos nunca tuvieron contacto directo con alguna actividad en la seguridad pública, llámese en su dirección inmediata y por lo regular siempre ocuparon otro tipo de cargo público, en sus diferentes ramas administrativas, legislativo, judicial, departamentos jurídicos y de repente, como representantes políticos electos, tienen a cargo a fuerzas del orden, que tienen, que dirigir para cumplir y hacer cumplir la ley y es cuando saltan los conflictos internos, corrompen la policía, llegan al poder con compromisos con gente de la mafia, les tiembla la mano, dudan, retroceden, consultan, conceden, mientras el problema crece.

Coordinación entre las fuerzas del orden.

La coordinación entre las fuerzas del orden local, estatal, federal del orden civil y militar, es la primordial tarea desde hace 10 años, por parte del consejo nacional de seguridad publica en los consejos instalados en cada estado y en cada municipio, se llevan a cabo sesiones cada mes aproximadamente, se tratan todos los problemas y asuntos que aquejan, preocupan y toman medidas preventivas, en cuanto al tema primordial en seguridad pública, en la teoría, acuerdan atacar los problemas, que ahí se ventilan, pero en la práctica por lo regular son un desastre, aún hay muchas deficiencias de recursos humanos y materiales, el celo profesional primeramente del ámbito federal, la desconfianza hacia los estados o municipios, mas si son de diferente del color oficial.

Prestar apoyo y que algo sale mal.

Al darse apoyo entre las fuerzas del orden, siempre hay la preocupación de que algo no salga bien, se da el apoyo con muchas condiciones, muchas de las veces no sirven de nada, porque a la mera hora no intervienen, solo se quedan ahí sin hacer nada completamente omisos, por lo regular esto pasa muy seguido en huelgas, manifestaciones violentas, invasiones de predios, bloqueos carreteros, bloqueos a PEMEX y ahora la violencia extrema de la delincuencia organizada, las autoridades políticas, jefes máximos de estas fuerzas del orden, por lo regular no saben calcular los riesgos y simplemente dejan que pasen las cosas, pareciera que los ciudadanos de estos estados, ya estamos acostumbrados a ver con indiferencia y morbo, el desarrollo de las cosas, a ver como terminan, mientras los representantes políticos de los estados, siguen ahí sin saber que hacer o porque no lo hacen, tratando a toda costa de que no les corten la cabeza políticamente hablando, pero es que el ciudadano, no tenia más de donde escoger y por ahí ya estamos fregados a los males el menor y el que escoge, escoge mal.

Por qué da la impresión, que la policía llega al último.

Esto se va erradicando en los últimos 10 años, con la profesionalización de la policía en los Estados, con más equipo y materiales, efectivamente la policía llegaba al último, por falta de preparación, de equipo, de personal; no podían enfrentar situaciones de peligro, así que lo más recomendable para el policía era tomar un camino más largo, al suceso o esperar en que terminaba el acontecimiento o por orden superior no intervenir o por orden concentrar el personal, para una revisión que nunca se llevaba a cabo, solo era para que la policía no estuviera en la calle al momento en que transitara por la ciudad ciertas gentes en convoy esto era muy común hace pocos años, ahora enfrentamos nuevamente esa situación, solo que ahora ya no tarda mucho la respuesta policial.

En el DF el mando único si funciona.

En las delegaciones del DF opera la policía preventiva con un mando único, ha funcionado bien, porque su estructuración no ha variado con el paso de los años, si acaso la han mejorado y la gente esta acostumbrada al trato de esta policía, aun a si escuche aun delegado al licenciado Demetrio Sodi que se quejaba, que el no tenia el control directo de la policía, que opera en su delegación y el invariablemente le contestaba a la gente que denunciaba un asunto en particular en materia de seguridad publica, que el no tenia autoridad para presentarse en tal o cual lugar con patrullas y resolver algún asunto que le requería la sociedad, porque la policía no estaba bajo su mando absoluto y tenia que seguir un procedimiento o un protocolo. En cuanto al mando de la policía del DF, si algún día llega a municipalizarse, no lo haga con la policía, ni la fragmente porque va a perder poder, porque ahora las delegaciones están totalmente urbanizadas y la policía opera sin dificultad entre una y otra, pero si se municipalizan y se fragmenta la policía preventiva del DF con tan solo de pasar de una delegación a otra, ya estaría violando reglamentos sobre armas de fuego y disposiciones legales y la complicación de la operatividad se hará patente.

El modelo de policía con mando único del DF, puede aplicar en los estados pequeños como Tlaxcala, Morelos, Edo. De México y en municipios conurbanos de los estados como Tamaulipas, Nuevo león, Guadalajara, San Luis Potosí, claro ya vimos los problemas de la policía metropolitana de Tampico- Madero-Altamira, pero no hay que perder la fe, al no salir bien las cosas al primer intento, creo que si el ciudadano no compagina con otros en sus ideales políticos, si compagina y esta de acuerdo de que en materia de seguridad publica, no debería involucrarse cuestiones políticas y la preocupación principal debería ser la seguridad de las personas.

Claro es difícil implantar una policía única en todo el país, esas policías solo aplican en republicas con poco territorio, países monárquicos, gobiernos militarizados, dictaduras,

¿Unificar policías del país resolverán problemas?

No, este país aún no está preparado para tener un solo cuerpo de policía, porque luego salen problemas con los ciudadanos como ¿me estas investigando?, ¿tu acción es preventiva o investigadora ?, ¿me detienes para darte cooperación?, ¿tienes una orden de investigación ministerial o judicial, para detenerme en la cual diga que debo entregarte mis documentos?, etc., que conflictos, por lo tanto es mejor dejar las cosas por ahora en su lugar con todas nuestras policías, lo que si debe estar claro es la profesionalización de cada una de ellas, para la disminución de actos de corrupción, pero eso solo pasará cuando el país haya avanzado en su progreso, cuando el ciudadano decida eliminar del sistema político vicios que permiten la corrupción, recuerden las policías, no se mandan solas, las directivas se las dictan los gobernadores y presidentes municipales, cuando la gente haya avanzado en la pobreza y educación, entonces estará en posición de poder escoger entre los políticos algo decente, mientras haya muchas carencias de la gente los políticos se aprovecharan de sus carencias, para sacarle el voto a la gente, mientras la decencia no permee todos los estratos de la sociedad, no terminaran viejos vicios entre la autoridad y el ciudadano, que por falta de oportunidades tiene que ir de la vida interactuando con el marco jurídico y siempre el ciudadano buscara la forma de burlar procedimientos legales y administrativos y ahí es donde se da la corrupción.

Fracaso la unificación de las policías federales, por Genaro garcía luna.

La unificación de las policías en el ámbito federal, la Agencia Federal de investigación de la PGR y policía Federal de la secretaria de seguridad publica federal fracasó la unificación ya que se pretendió fundir una policía de corte investigadora como la AFI con la policía federal, cataloga en 2006 como policía federal preventiva, por esa razón hasta la SCJN avalo, que no se desintegrara la AFI por ser la policía investigadora del ministerio publico de la federación dependiente de la PGR, ahora con la reforma del articulo 21 constitucional, todas las policías están facultadas para investigar bajo la tutela y mando del ministerio publico del ámbito federal o común, pero definitivamente fue un error, casi desmantelar y minimizar la AFI policía investigadora, la cual fue relevada de muchas funciones, por una policía federal, que en sus inicios fue de corte puramente preventiva, el haber cambiado el modelo policial investigador, por una de corte puramente preventivo, para atacar frontalmente a la delincuencia es un error, pues no fue de lo mas acertado, ya que por ser una policía uniformada son muy predecibles y perceptibles sus movimientos, muy diferente la forma de operar a una policía investigadora como la AFI donde sus agentes, tiene que dominar la investigación, el análisis táctico de la información y las operaciones especiales encubiertas o normales portando un uniforme oficial o de civil, sin cubrirse el rostro porque después de haber aprehendido alguna persona involucrada en algún delito, para el agente federal investigador, la batalla continua frente a frente en los juzgados federales, en los juicios contra las personas que son acusadas por un delito federal, definitivamente las personalidades del agente investigador y el agente de corte preventivo son diferentes, claro ahora el articulo 21 constitucional faculta a todas las policías a investigar bajo conducción y mando del MP, pero ya nos dimos cuenta que muchas policías no quieren hacerlo, no se les permite hacerlo o no les dan las herramientas para hacerlo o definitivamente no dominan la investigación y los MP simplemente no le dan toda la información o instrucción precisa al policía...............

Seguridad laboral para el policía.

Hasta el momento los estados, municipios y la federación, encargados de crear los sistemas de seguridad con un estándar nacional, para que los cuerpos policíacos reciban certificación, en cuanto a la forma, requisitos y capacidad del elemento, que decide enrolarse en la seguridad pública preventiva o investigadora, el asunto de la capacitación de las policías federales o preventivas, por ahora solo obedecen a políticas, por no decir al político en turno, solo hay preocupación cuando el político llega al cargo, por tres años o seis años, pero todo se diluye al pasar ese periodo, esperamos que en 2012, los políticos hagan su mejor esfuerzo para mejorar la seguridad publica, siendo mas creativos con nuevas reformas que beneficien la seguridad laboral del policía, porque esta claro el actual marco jurídico laboral actual, no beneficia al policía traduciéndose esto en el desastre de violencia casi generalizada, que hay en seguridad publica resultado de una política laboral de las fuerzas del orden, donde son los primeros afectados y sus actos se reflejan en pobres resultados de eficiencia policial, la secretaría de seguridad pública nacional hace su mejor esfuerzo, claro por orden presidencial, con los estados empujándolos con programas manteniendo el interés en cuanto a la seguridad pública y todo se aprueba en el escritorio, pero en la práctica no pasa nada, se hacen grandes despliegues de poder, solo para la opinión pública y de presencia nada más.

Está rebasada la seguridad pública por la delincuencia organizada.

Presupuestos esquilados, bajos salarios, inseguridad laboral de los policías municipales, estatales, federales, policías investigadores estatales y federales, se ataca la delincuencia organizada con operativos de relumbrón Y apantallantes pero a nivel ineficientado de inteligencia, la única policía investigadora AFI actualmente se encuentra casi congelada, con poco personal, reducido presupuesto y volvemos a lo mismo con modestos salarios y con presupuesto limitados, que policía quiere comprometerse con la aplicación de la ley a fondo, que policía quiere verse confrontado con la delincuencia organizada y más si tiene que testificar en un juzgado federal, pero aun si en el combate frontal elimina a un narco en el cumplimiento del deber el policía y su familia lleva las de perder, un policía federal con promedio 17 mil pesos mensuales, pasa por situaciones precarias, por eso se ven frecuentemente en problemas legales, en cuanto a su correcto desempeño y cae en la corrupción, es suspendido, cesado o consignado y eventualmente estará engrosando las filas criminales, ya que la mayoría de los policías recibe entrenamiento en investigaciones, incursión, extracción de personas y combate en diferentes tipos de escenarios, entre las diferentes clases de policías que hay están los que pertenecen a las fuerzas especiales, pueden ser policías y militares entrenados en incursión y asalto, donde el combate es cara a cara con el enemigo, puede ser en un simple cateo, intercepción aérea, terrestre y marítima, espionaje, ejecución de ordenes de aprehensión y traslado de detenidos relevantes, muchos de estos policías y militares especializados llegan a cometer errores, se aburren, les falta más dinero para su hogar, hacen malas amistades, deciden dejar el trabajo de policías especializados, la delincuencia organizada les daba ya más dinero.

El policía en este país sabe mucho, quien se mueve quien no, pero que ni se le ocurra decir o comentar algo al respecto en voz alta, mucho menos algo que huela a investigación, porque el policía está acabado; la investigación para peces grandes es solo para los enemigos de la banda dominante o que pretenda dominar y quien cometa errores dentro de una banda, cartel o caliente plazas con mucha violencia, es al cartel que se le persigue.

Una promesa bastante fuerte, pronunciada al inicio de la batalla contra la mafia por el presidente Felipe calderón fue "cueste lo que cueste" frente a la A. C. '' México unido contra la delincuencia '', la batalla se torno imperativa, debió de ser de modo gradual y en diferentes frentes como el abate de la pobreza extrema, educación publica, alternativas de vida para la gente que obtiene para comer de forma indirecta trabajando en los negocios ilícitos, que ahora esta desempleada, por la casi aniquilación de la vida nocturna al interior de los estados, pienso que alcanzaremos estándares aceptables en seguridad publica, cuando los funcionarios políticos se comporten honestos y no hagan tantos compromisos con gente, que posteriormente va a exigir, se cumpla lo prometido, los funcionarios políticos deben de atacar en todos los frentes, las desigualdades sociales, factores detonantes que desestabilizan a la sociedad y no perder de vista la profesionalización de la policía con equipamiento, licenciaturas, capacitación técnico-jurídica y salarios que cubra las necesidades básicas del policía y su familia y así pueda desempeñarse efectivamente, sin el temor de ser eliminado, por el propio sistema político corrompido, que colabora con la delincuencia organizada.

Porque no combate, quien tendría que combatir.

Será por incertidumbre, falta de valor y coraje combativo, no pueden despejar las incógnitas para distinguir al enemigo, desmotivados por falta de buen salario, por ende están mal de salud física y mental, ya tiene problemas de violencia intrafamiliar, no desean combatir mas porque no ganan lo suficiente para enfrentar demandas de tipo penal, en caso de que algo no salga bien en una acción policial peligrosa, porque han existido claros ejemplos de legitima defensa propia y simplemente la policía deja pasar la acción, será por temor a caer en combate mmm........., no es mas bien temor a equivocarse en la acción, temor a eliminar a un delincuente en combate, pero puede mas el temor de las represalias del enemigo o temor de eliminar a un amigo disfrazado de enemigo o tal vez será que el modelo de perfil psicológico del combatiente, que fue seleccionado y aceptado para desempeñarse en el combate en defensa de la sociedad, este equivocado no por casualidad, si no porque a si conviene al sistema.

Los municipios deben consolidar sus policías con su reglamento de carrera de policía propios, edificios dignos, seguro medico, sistema de retiros y pensiones, equipamientos propios de una institución de seguridad publica y pugnar para efectos de modificar el reglamento de armas de fuego, que por ahora les impone restricciones exageradas a los municipios, en cuanto a las portaciones de armas de fuego, algunos policías deben de tener portación de arma de fuego permanente, otros licencia de portación particular de arma de fuego, para su defensa personal para cuando no estén de servicio, claro no es de forma generalizada, solo de acuerdo a las actividades realizadas en grado de importancia dentro de la corporación policial.

El armamento de las fuerzas policiales.

Hasta el 2010 se comenzó a administrar mas o menos de forma generalizada armamento automático a la policía, porque se contaba con armamento obsoleto que tenia en completa desventaja a la policía, ahora ya se observa que portan carabinas COLT M16 calibre.223 de estados unidos, fusil Galil ARM versión militar 7.62x39 de Israel, fusil G3 H&K 7.62x51 alemán, pistola Pietro Beretta 9mm italiana y escopetas calibre 12 semiautomáticas, cuando estallo la guerra contra el narco, casi toda la policía se encontraba mal armada, esta contaba con escopetas de bomba o tiro a tiro, revolver Colt .38 special, carabinas M1 Ruger .30, algunas corporaciones si portaban el Colt AR15 .223 versión obviamente semiautomática, que mas o menos le daba batalla a la mafia, que portaba el fusil AK-47 calibre 7.62x39 semi y automático ruso o chino y carabinas Colt M16 calibre .223 semi y automático de estados unidos, las dos armas preferidas de la mafia, que causan estragos antes y ahora en la lucha contra el narco, la policía antes y en los primeros años de lucha contra el narco, se encontraba mal pertrechada y escaso personal en la mayor parte del país y algo muy importante, no tenia entrenamiento de operaciones especiales y ni conocía su funcionamiento, es decir la policía en general fue sorprendida y hasta hoy en día con ataque tipo asalto, emboscada e incursión, claro todos con el factor sorpresa, técnicas utilizadas por las fuerzas de operaciones especiales, que fueron introducidas al cartel de los zetas, por los GAFES fuerzas de elite del ejercito a los cuales se les había comisionado, como policías judiciales federales con grados de segundo subcomandante, con la letra clave Z zulu, pero desde siempre y por lo practico los llamaban Z zeta 1 o 2, porque un zeta comandaba por lo regular de 4 o 10 policías judiciales federales Alfa, Beta y Coca o A, B, o C, claro la policía judicial federal, tenia entrenamiento en operaciones especiales, pero no las llevaba a su máxima expresión en los operativos, como las llevaba los GAFES cuerpo elite del ejercito, pero los GAFES posteriores zetas se llevaron el esquema de la planeación y operación de la policía judicial federal, un sistema para organizar la PJF en los estados, que el cartel utilizo para poner en funcionamiento las plazas de operación y control del territorio a dominar, este tipo de planeación y operación, era la forma en que la policía judicial federal controlaba un estado dividido en plazas, es decir dividías un estado en tres zonas o las que se necesitaran y colocabas personal policial judicial federal comandado por un zeta o segundo subcomandante, el cual tenia que controlar y contener los delitos federales en esa zona.

Cuidar el horizonte de tus disparos en batalla.

Como policía civil de cualquier categoría y nivel debe ser muy cuidadoso con el objetivo y el posible final de sus disparos en una confrontación armada, este es un argumento por cual se le restringe el armamento automático a la policía, porque el trabajo policía se lleva en densa población y al utilizar armamento automático siempre habrá daños colaterales o muertes inocentes, por esa razón la policía en un gran porcentaje sigue utilizando armamento semiautomático, claro por esta causa la policía se ve en desventaja frente a la mafia, con armamento automático equipado con lanzagranadas de 40mm, a la policía si le deben de interesar el destino final de sus disparos, ya sabemos que a la mafia no le importa si le da a un policía o a un civil con su armamento automático y granadas, claro hay veces que sus objetivos principales son civiles, sin ninguna relación con la mafia, solo es para presionar a la autoridad para que deje de hacer su trabajo, pero siempre hay modo de llegar a la paz, el policía conoce los riesgos y ventajas de su trabajo, conforme a la ley la policía puede eliminar a un sicario en batalla o enfrentamiento, por lo tanto el miembro de la mafia sabe las consecuencias de ser atrapado y no va dejarse atrapar fácilmente, a si que el grado de violencia y venganza sube si la policía, ejercito o la mafia violenta las reglas del combate, si por esa razón después aparecen cuerpos y nadie sabe quien fue el culpable de las ejecuciones con todos los indicios de venganza.

La figura de autoridad y los menores.

Es toda aquella a la que están sometidos todos los menores, ya sean los padres, los profesores de las escuelas, la autoridad civil y administrativa representada por la policía, a los cuales los menores deben atención y respeto, pero es aquí donde surgen los conflictos desde leves a graves en problemas de seguridad publica, a los menores se les debe de poner mucho énfasis, atención, tolerancia, trato especial, se les de tiempo para que reconozcan la figura de autoridad en cualquiera de las formas en que se les presente, los menores de 18 años son inimputables, por lo que la autoridad civil o cualquiera que esta sea debe ser muy cuidadosa al presentarse alguna situación, que amerite la presentación ante un ministerio publico a efecto de notificar a padres o tutores, que respondan por los actos de los menores, en la etapa de la adolescencia es conocida como rebeldes sin causa y mas fácil si la tienen, por los que es muy factible adoctrinarlos para delinquir, por lo que el gobierno deberá de invertir mas en los menores, para que no desvíen su camino, los menores en su primera etapa son fácilmente moldeables tienen una profunda admiración por la figura de autoridad, que la ven en sus propios padres, el ejercito y el policía de la calle.

Seguridad pública y el grado de educación de la población a la cual tiene que proteger y servir.

Bueno establezcamos una cosa antes de comenzar con lo que respecta al grado de educación de las personas, porque esta pude ser educación académica, modales, religiosa, usos y costumbres, pero hay personas que reciben poca o escasa educación, pero por factores biológicos heredados son personas nobles y aun teniendo poca educación son excelentes ciudadanos, la seguridad pública, por lo regular tiene conflictos con todos los tipos de gente con un rango de educación bajo, mediano, alto y exitosa, claro la gente de clase media para arriba es la gente que es mas atacada, robada y secuestrada, por el sector de gente con deficiente educación y o especializada de la delincuencia organizada, claro se dice que esta para ser buen delincuente, ay que estudiar, para no ser fácilmente atrapado por la policía, esta teoría se confirma, porque la gente con mas educación y titulada conoce la ley a la perfección, para eludirla, burlarla, evadirla, robar al fisco, defraudar, por lo regular esta gente preparada profesionalmente eventualmente forma parte de la delincuencia organizada, que por sus conocimientos puede mover el dinero, equipos, comprar, vender y la ley tardara mucho tiempo en darse cuenta o no se enterara y si un día sabe la verdad, ya prescribió el delito o si se trata de un influyente, la autoridad esta incapacitada para actuar en contra de ellos, porque lo menos que les puede pasar es que se queden sin trabajo.

Drogarse es excitante, Drogadicción de moda en todo el mundo.

Pocos seres humanos pueden divertirse con todos sus sentidos al cien por ciento sin consumir drogas, el consumo de las drogas pareciera ir ligado con la diversión lo prohibido, lo intolerante, lo subjetivo en contra de las reglas o contra lo establecido; la drogadicción causa graves problemas de salud y seguridad pública, el estado mediante la secretaría de salud, tiene programas para el toxicómano y autoridades estatales y municipales encargadas de los menores, pero la secretaría de salud no tiene pabellones, para albergar al toxicómano por periodo prolongados, solo en casos graves, así que este es enviado a su casa, solo con las observaciones necesarias; por lo regular en una sociedad solo conocerás al 6% de los viciosos, el resto de los toxicómanos, son muy cuidadosos con la ley y el qué dirán y si llegan a ser detenidos, por lo regular sobornan al agente policíaco, para evitar el escarnio público o la crítica de la sociedad o pérdida de empleos, becas, privilegios en sus domicilios, etc.

El consumo de drogas va ligado a la característica de la persona que las consume, las drogas estimulantes como la cocaína y metanfetaminas como crack, ice, cristal, las consumen regularmente gente de carácter afable de diferentes círculos de la sociedad con buenos ingresos económicos, buen empleo, gente ligada al espectáculo, a la función publica, gente que tiene que cumplir jornadas extras de trabajo que incluyen la noche y los estimulantes siempre darán ese plus extra de actividad física, que se necesita para cumplir con el trabajo o con fines recreativos, esta ultima es la que deja mas ganancias a la mafia.

Las drogas depresoras-hipnóticas como la marihuana y los derivados del opio, la consume la gente con carácter reservado, igualmente el consumo de drogas no distingue status social o económico, pero esta clase de drogas no permiten realizar buen desempeño en el trabajo, alguna personas la utilizan con fines terapéuticos, he observado a trabajadores del campo y de la caña de azúcar, personas que trabajan expuestas al sol extremo y demás personas sometidas a trabajos que provocan estrés, que si consumen un toquecito de marihuana, que por su carácter de sedantes, suprimen el dolor y el estado nervioso.

Las drogas alucinógenas como el LSD dietilamina de acido lisérgico, éxtasis droga elite MDMA Metilen Dioxi metanfetamina extracto del aceite del árbol de sasafrás del este de EU y Asia oriental, hongos Psilocibina, peyote mezcalina, la consume gente relacionada con lo subjetivo, la búsqueda de la verdad, estados de meditación, ritos de chamanes con fines religiosos, inspiración artística, estas drogas son las mas delicadas, por ser psicoactivas.

El alcoholismo igual a problemas sociales.

El alcohol una bebida estimulante socialmente aceptada, una costumbre, un rito, un habito, una ocasión para celebrar, una bebida alcohólica para acompañar los alimentos, el alcohol nos ameniza la vida, nos relaja, vemos la vida en retrospectiva, cuando estamos un poco alcoholizados, las bebidas alcohólicas son un mal necesario para nuestra sociedad, crea empleos, genera riqueza en amplias regiones de la republica léase zonas turísticas, desde el punto de vista de seguridad publica y salud publica, estas autoridades hacen todo lo posible para lidiar con el consumo del alcohol, con el estira y afloja en la aplicación de sanciones en contra de quienes abusan del consumo del alcohol y quien adultera el alcohol para el consumo humano, que crea problemas de salud publica.

Se debe de tomar precauciones en el consumo de alcohol, que por ley no esta prohibido su ingesta, pero todas tus acciones bajo el influjo de este, son sancionados por la ley.

En donde la situación del alcoholismo es realmente lastimoso es en las zonas étnicas, de por si la situación de pobreza esta latente esta mas que presente, la falta de empleos, de educación y falta de autoridades, el problema es grande, violencia intrafamiliar que resulta en depresiones, muertes violentas y lesiones causadas con herramientas de trabajo del campo usadas como armas blancas, suicidios, violaciones sexuales entre familiares, abortos por golpizas, abandono de un modesto empleo a causa del alcoholismo, abandono de la familia y esposa, la depresión hace el resto con la vida del alcohólico, la única salida que ve esta persona es el suicidio, ahorcándose, consumiendo venenos utilizados en el campo y ganadería.

El alcoholímetro como medida preventiva es eficaz.

Claro siempre y cuando sea solo para multarte y cumplir 36 horas de arresto, porque para ponerte a disposición del ministerio publico el asunto puede rebatirse si fuiste detenido en un reten o punto de revisión, porque los retenes son violatorios de garantías individuales como el articulo constitucional 14 que cita ""nadie podrá ser privado de la libertad o de sus propiedades, posesiones o derechos, si no mediante juicio seguido ante los tribunales previamente establecidos, en el que se cumplan las formalidades esenciales del procedimiento y conforme a las leyes expedidas con anterioridad al hecho."" y del articulo constitucional 16 donde cita ""Nadie puede ser molestado en su persona, familia, domicilio, papeles o posesiones, sino en virtud de mandamiento escrito de la autoridad competente, que funde y motive la causa legal del procedimiento."", la autoridad administrativa y civil, basa sus acciones en el articulo 11 constitucional que cita, "" Toda persona tiene derecho para entrar en la República, salir de ella, viajar por su territorio y mudar de residencia, sin necesidad de carta de seguridad, pasaporte, salvoconducto u otros requisitos semejantes. El ejercicio de este derecho estará subordinado a las facultades de la autoridad judicial, en los casos de responsabilidad criminal o civil, y a las de la autoridad administrativa, por lo que toca a las limitaciones que impongan las leyes sobre emigración, inmigración y salubridad general de la República, o sobre extranjeros perniciosos residentes en el país.""claro se establece cuales son los motivos de detención para una persona por actos criminales o administrativos, pero la detención siempre debe obedecer a un trabajo profesional del policía o motivos aparentes del infractor de la ley y no solo basar el trabajo policial en retenes pesquisando y molestando a gente decente y trabajadora, que claro esta los criminales raramente cruzaran un reten mas sabiendo de la existencia del citado.

Desordenes emocionales causan accidentes de transito.

Bastante difícil es para el ciudadano promedio equilibrado mentalmente, tener que lidiar al conducir un vehiculo motorizado con personas con desordenes emocionales como la ansiedad, neurosis, paranoicos, obsesivos compulsivos, esquizofrénicos, alcohólicos, drogadictos y el clásico conductor sport extremo imprudente, que siempre termina partiendo su auto en dos partes, muchos de los descritos involucran al ciudadano común, equilibrado y predecible en accidentes automovilísticos desde leves a los mortales, causan riñas, altercados, insultos, no respetan la figura de autoridad, muchos de estos conductores andan en busca de confrontación y no pierden oportunidad, incluso en asuntos de otros, también esta una mala cultura llamada el influyentismo, esta persona no se hace valer por si misma siempre antepone a sus amistades o familiares de autoridad publica y por lo regular lo hace de forma prepotente, denotando su poca educación, cultura, modales, estilo de vida y por lo visto esto durara un tiempo muy largo, mientras no mejore la educaron publica.

El bullyng acoso en la escuela y en la calle.

Los padres de familia tienen que estar muy atentos, solo si el menor presenta lesiones físicas y psicológicas, todas las demás quejas de los menores a los padres, estos las tendrán que manejar con consejos y como conducirse los menores ante los demás, como lo es el respeto, que aprende en casa y de sus maestros, la cortesía, la amabilidad, digo es mucho pedir, pero es la forma en que el menor crezca sin complejos y rencores hacia los demás por haber sido abusado por sus compañeros, hay que intentarlo, para que se conduzca adecuadamente el menor, no hay que acostumbrar al menor a resolverle todos sus problemas que le aquejen, hay que estar vigilantes para asesorarlo para que no sea abusado en su persona y el menor aprenda a conducirse con respeto y con tolerancia a los demás, muy importante, si el menor es el que abusa de sus compañeros, no acostumbrar al menor a salirse siempre con la suya o hacer lo que le plazca, porque en la vida adulta no podrá manejar la tolerancia a la frustración, que es la que permite adaptarte a una nueva situación, después de haber fallado, el primer intento de éxito de cualquier tipo de actividad, estamos hablando, que superara obstáculos que se le presenten en la vida, claro, si el menor se porta bien tiene derecho de ciertas recompensas por parte de quienes lo rodean, entre mas se vigile, la violencia de menores, esto se traducirá en una nueva generación de ciudadanos de provecho, por ende menos violencia.

Unificación de la policía municipal con la política estatal, por ahora es mala idea.

Una policía única preventiva estatal violaría el precepto de municipio libre y soberano y el artículo 21 que cita '' es responsabilidad del estado, la federación, el D.F. y los municipios brindan seguridad pública a los ciudadanos.''

Los municipios tienen manos libres, para profesionalizar a sus policías, para invertir en fortalecerla, con esto quiero decir, que no pueda ser desmantelada a capricho por algún funcionario en turno.

Ventajas para el ciudadano tener una policía municipal.

-elemento de la misma comunidad con conducta plenamente conocida.

-aprobar o rechazar al director general.

-la policía municipal vigila el actuar de otras corporaciones de seguridad estatales o federales.

-la delincuencia de cualquier tipo siempre tendrá el inconveniente de la policía municipal.

Conceptos desfavorables de la policía única preventiva estatal.

-director general en la capital del estado obedecerá directivas del gobernador, desdeñaría indicaciones de los municipios.

-encargados de las bases en los municipios, reportarían hechos relevantes o políticos, primero a la capital y algunos hechos serán ocultados al municipio.

-la población tendrá una marcada desconfianza con la policía única, por ser caras desconocidas, que al cometer un delito será de fácil extracción y cambiando de municipio o concentrado a la capital de los estados.

-la delincuencia de cualquier tipo encontrara respuestas favorables, por existir un solo director general único.

-se convertirá la policía única en instrumento de control político y delincuencial en la modalidad organizada.

El estado ya contribuye con las policías municipales con presupuesto y capacitación, por medio del consejo estatal de seguridad pública.

La mejor forma de contribuir el estado con el municipio, es que este se encargue de toda la cuestión administrativa como salarios, pensiones, seguros médicos con una ley de servidores de seguridad publica moderna, para que las policías municipales logren consolidarse y vayan de acorde con el desarrollo de la sociedad.

Las armas de fuego y mala educación

Las armas de fuego han fundado y rescatado republicas, imponen respeto entre naciones, pero en el interior de cada nación tienen políticas, leyes, reglamentos y prohibiciones para el uso debido y respectivo de las armas de fuego.

Los países de primer orden con buena educación, con acceso a las armas de fuego con fines de seguridad personal, deportivo y cinegético, las cuales son registradas, supervisadas y monitoreadas con sus debidas licencias y restricciones, es difícil que el ciudadano, haga más uso de las armas de fuego porque recibe instrucciones y practica al existir campos de tiro, stand de tiro para prácticas comunes y de competencia, pero vayamos a la parte fea del asunto de las armas de fuego, que por si solas son inoperantes hace falta la capacidad criminal del sujeto, sus intenciones, su escasa o trunca educación, poca tolerancia a la frustración, relegado sistemáticamente con IQ alto, con una o más características citadas el sujeto se vuelve peligroso y se confronta con la sociedad, la perdida de sus valores morales o la nula adquisición de estos le inmunizan al dolor que va a causar, pero le importa y sabe los defectos del dolor causado a la sociedad y a la autoridad.

Los sujetos se confrontan entre ellos por la pelea o defensa de cierto territorio para la venta o trasiego de drogas, armas y personas, la pelea surge, cuando surgen interrogantes, porque ellos si venden y ganan bastante bien y están puestos con la autoridad y a nosotros nos traen fregados, nos detienen y consignan, nos levantan, nos golpean, nos disparan a la casa, la ambición de ganar mas dinero en corto lapso de tiempo, claro con sus respectivos riesgos, lleva a nuestros jóvenes a la confrontación con la autoridad y bandas contrarias, otra motivación que lleva a los jóvenes a los negocios ilícitos y a la confrontación armada, es que se dan cuenta como hicieron fortuna ilícitamente, ciertas personas de nuestra sociedad y al cobijo de la autoridad y los jóvenes deciden probar suerte con los resultados nefastos conocidos.

La ilegalidad del ejército y la policía en las calles.

El ciudadano común ya no sabe qué hacer salir o no salir porque si se decide hacerlo hay un 75% de que se encuentre un reten policial o del ejercito retenes del todo ilegal violando el Artículo 11 constitucional. Toda persona tiene derecho para entrar en la República, salir de ella, viajar por su territorio y mudar de residencia, sin necesidad de carta de seguridad, pasaporte, salvoconducto u otros requisitos semejantes. El ejercicio de este derecho estará subordinado a las facultades de la autoridad judicial, en los casos de responsabilidad criminal o civil, y a las de la autoridad administrativa, por lo que toca a las limitaciones que impongan las leyes sobre emigración, inmigración y salubridad general de la República, o sobre extranjeros perniciosos residentes en el país. Otro articulo constitucional que es violado constantemente es el articulo 14 que cita: nadie podrá ser privado de su libertad, propiedades, posesiones y derechos y el articulo 16 constitucional que cita: Nadie puede ser molestado en su persona, familia, domicilio, papeles o posesiones, sino en virtud de mandamiento escrito de la autoridad competente, que funde y motive la causa legal del procedimiento. Leyes y garantías individuales no respetadas, ya que te detienen, cuestionan, revisan y el ciudadano común no le vale quejarse, porque le va peor.

Las detenciones por presunción de un delito, sin orden de alguna causa da verdadero temor y pánico a la población, ya que por una llamada anónima al ejército o policía actúa sin investigar allana y detiene a presuntos culpables al encontrar pruebas, pero el procedimiento es ilegal, ya que el cateo fue sin orden judicial o detienen por presunción para investigar sin orden ministerial, al detener y allanar sin tener órdenes ministeriales o judiciales y se pretenda acusar con dizque pruebas contundentes son serios errores, que de verdad avergüenzan en general, ya que queda al descubierto que carecemos de cuerpos de investigación con oficio, técnica, experiencia, sagacidad, discreción y contundencia al conjuntar pruebas.

El ejército no tiene la delicadeza para hacer el trabajo de la policía, al ejército solo se les dice atrapen a los delincuentes; bueno está bien si hay fragante delito, pero si no hay aparente delito, lo común es conjuntar pruebas y conseguir las ordenes correspondientes del ministerio publico o juez, si no se cumple lo anterior muchos ciudadanos involucrados en un delito logran la libertad, porque el ejército o policía violaron el procedimiento de detención, al no existir fragante delito o debido a la integración de la averiguación previa con las fallas, que aprovecha el abogado defensor para poner en libertad su detenido, las policías que contempla la ley para manejar investigaciones es la policía ministerial del estado de las procuradurías al interior de los estados, la policía federal ministerial de la AFI dependiente de la PGR y en el D.F. de policía judicial en materia del fuero común, claro ahora el articulo 21 constitucional faculta a todas las policías a investigar, bajo el mando y conducción del ministerio publico, pero como todo trabajo y profesión hay expertos, buenos y regulares agentes investigadores policíacos.

Una guerra gris que se acentúa cada día.

El día a día en el combate con la delincuencia organizada no nos queda claro quién va ganando el combate, las cifras de civiles caídos están presentes, los policías y soldados caídos también se conocen por ser encuentros violentos de conocimiento público, pero las cifras de desaparecidos es alarmante no se sabe si están vivos o muertos la delincuencia organizada culpa a la banda contraria de los levantones y viceversa, utilizan uniformes oficiales y tácticas de operaciones especiales con éxito en sus actividades de delincuencia de alta escuela.

Bueno la sociedad espera que la policía y el ejército sustenten sus actividades en el marco jurídico emanado de la constitución y demás herramientas proporcionadas por el estado, se entiende que en una guerra es fácil olvidar muchos principios morales y éticos, quebrantar la ley para aparentar justicia, obedecer órdenes ilegales de los superiores por lealtad, cometer injusticias por la presión ejercida por la sociedad y la opinión pública.

La sociedad se inquieta cuando el combate se torna y no queda claro, esto viene porque a menudo muere gente inocente o que ignora las actividades de los protagonistas.

Cabe citar una frase del filosofo alemán Friedrich W Nietzsche "Si combates a los monstruos asegúrate de no convertirte en uno de ellos" si porque en una guerra se cometen crímenes de guerra, los policías que combaten el crimen terminan algunos enrolados en el y funcionarios que están para defender el derecho de todos los ciudadanos terminan encubriendo el quebranto de la ley.

La importancia del estratega en seguridad publica.

Que pasa cuando la persona que instalas al frente de una corporación de seguridad publica, como estratega en materia de seguridad publica y esta persona queda corta, limitada, que necesita instrucciones cada vez que pasa algo relevante, sumiso a la autoridad ejecutiva que lo nombro o que si tiene suficientes cualidades estratégicas en materia de seguridad publica, pero solo se dedica a complacer cuestiones de su patrón la autoridad ejecutiva, bueno de estos detalles negativos hay suficientes en el país, los buenos policías una buena parte de ellos, por ahora no se desarrollan a todo el potencial, otros mantienen bajo perfil, otro sector renuncio y por ahora no son policías, no por falta de valor o coraje combativo, si no que obedecieron a otras presiones de su circulo social, prefirieron quedarse sin empleo a ser traicionado por algunos de sus compañeros, que simpatizan con la cultura criminal, otros con cualidades para ser buenos policías fueron rechazados por el sistema, no se les presto suficiente atención y oportunidades para servir a la patria, muchos de ellos ahora están enrolados en la criminalidad o ya forman parte de las estadísticas de victimas de la guerra a los carteles, bien se dice que cada pueblo tiene las autoridades que se merece, los buenos policías y elementos del ejercito que se encuentran a hora en combate frente a frente con un enemigo que muta constantemente, están muchos de ellos a merced del enemigo con poco personal, escaso suministros de material de guerra para la policía, están acechados constantemente por la criminalidad especializada y de la criminalidad que se filtra en los gobiernos, pero vamos no decaigan, algún día podrán asistir a su trabajo de policías o castrense, sin que tengan que cubrirse el rostro y la gente los vea con orgullo y respeto, por haberse mantenido leales a la patria.

Legalizar las drogas no, es mejor tolerarlas

Legalizar drogas no, el país se estigmatizaría como paraíso de adictos, le crearíamos problemas a otros países vecinos y lo que es peor vamos a cargar con los problemas de otros, porque muchos consumidores simplemente van a radicar en México, no es lo mismo que vengan a vacacionar a enfiestarse a gastar dólares y se les tolere toda clase de excesos a los turistas que se les permite ahora en México y después vuelven a su lugar de origen después de un ciclo vacacional, pero si se legalizaran las drogas entonces si seriamos el productor número 1 de mariguana y goma de apio, la cannabis sativa o indica en México crece como malva incluso sin cuidados y la amapola en las zonas serranas templadas protegidas de corrientes de vientos prospera por igual, pero olvídenlo la legalización acarrearía serios problemas de salud pública, problemas en el campo mexicano por la demanda de E.U. por las drogas naturales como la cannabis, peyote, hongos alucinógenos y opio, varios países ahora y en el pasado han tenido serios problemas con las drogas tan solo por tolerar la siembra y cultivo, en algunos por usos y costumbres religiosas, como en San Luis Potosí México se les permite a los huicholes el consumo de peyote para rituales religiosos, en Perú a los campesinos se le permite masticar las hojas de la coca y en varios países de Asia se cultiva en cantidades industriales, pero todos estos ligados a guerras y pobreza.

Lo que debe hacerse por ahora como se venía haciendo es controlar el flujo de estimulantes no cortarse de tajo, provoca serios problemas en ambas fronteras, mantener el consumo en niveles tolerantes por la sociedad y consensado con los partidos políticos para que sea una responsabilidad compartida y no dejarle todo el paquete al presidente y a la policía.

Porque me refiero a tolerarlas, es que a muchas personas simplemente les resulta imposible dejarlas les provocaría la muerte, otras para apaliar algunas enfermedades y para fines terapéuticos, no confundir con reventón; que finalmente quien usa las drogas con fines de diversión es quién da más problemas de seguridad pública, como accidentes de tránsito, robos e intoxicaciones.

11.5 millones de ilegales un problema subjetivo.

El problema de la inmigración ilegal hacia E.U., que ahora se ve como un problema trae opiniones encontradas, la bancada que apoya al presidente Barack Obama no tiene mayoría ni consenso en el congreso estadounidense, que le permita avanzar una reforma migratoria a favor de los ilegales, por ahora no queda más que esperar las elecciones de noviembre para ver si logra la reelección, por ahora es inmoral pretender expulsar a los ilegales después de que estos han trabajado rayando hasta en la esclavitud a favor de su patrones y además E.U. propicio la ilegalidad por décadas propiciándoles a los inmigrantes cuando no debía, licencias de conducir, identificaciones personales y demás prestaciones del estado para la familia como subsidios para la alimentación, escuela, atención medica creándose ciertos derechos para con ellos.

Los ilegales sufren doble tragedia, una al salir de país de origen y dejarlo todo, después forman una nueva vida en E.U. y de pronto son expulsados, repatriados sin importarles si tienen o no familia en E.U., otro drama que se ve de la gente expulsada de E.U. es que no se pueden adaptar rápidamente a la vida aquí en México, critican, todo les parece deprimente se topan con las carencias del país que ya habían olvidado en E.U.

Pero cuales son los temores o consecuencias de legalizar a 11.5 millones de ilegales.

Al momento de considerar legalizar 11.5 millones aparezcan 5 millones más de solicitudes.

Cada periodo anual puje más solicitudes de ilegales para nacionalizarse.

El peso político que ejercería este grupo si se legalizaran.

E.U. tendría obviamente que proporcionar en su presupuesto recursos para estas 11.5 millones de personas.

Lo que más preocupa a E.U. es como estos 11.5 millones de personas influirán, se inmiscuirán con todo derecho en la vida política del país

Por ahora lo más decente es dejar las cosas como están, como atinadamente lo ha hecho la Juez Federal en Arizona, no queda mas que esperar el voto de una posible reelección de noviembre y el presidente Barack Obama logre el triunfo, para que una iniciativa de ley progrese en el congreso de E.U. a favor de los inmigrantes porque esta gente quiere conciliar el sueño americano, que hoy lo tiene muy perturbado, casi pesadilla.

El problema que enfrenta el país es por el eventual repatriación de connacionales en masa, las expectativas de que consigan un buen empleo en el país aun no son buenas, si hay servicios de salud, pero el poder adquisitivo para empleados especializados todavía es bajo, no se diga para ayudantes generales, es a duras penas de uno y medio salarios mínimos o $90.00 pesos al día.

No hay que reinventar nada, solo acomodar las piezas

En materia de seguridad pública no es necesario inventar nuevas corporaciones, mucho menos una única, nada mas necesitamos conjuntar las que ya están, crear los tecnicismos, los reglamentos y demás leyes orgánicas internas de las procuradurías para que logren dar pasos firmes a consolidarse como procuradurías muy bien organizadas, las bases se las da el artículo 21 de la Constitución

Mexicana, donde cita que las políticas de los 3 niveles de gobierno son auxiliares en pleno de sus funciones del ministerio publico para darle seguimiento a las investigaciones, persecución de delitos y cumplimiento de los mandamientos judiciales, tanto fuero federal y fuero común, los ministerios públicos tienen una policía exclusiva llamada policía ministerial estatal y policía federal ministerial por que tiene la facultad y la preparación para investigar delitos federales o fuero común según corresponda, por esta causa la suprema corte de nación valido esta policía investigadora del ministerio publico de la federación en este caso, ya que se pretendía que la policía federal preventiva realizara investigaciones rebasando la autoridad del ministerio publico de la federación dependencia de la PGR, aun hoy día la PFP sigue realizando funciones sin supervisión del MP de la federación y sin dirección de agentes ministeriales federales quienes deben llevar a cabo las investigaciones y operativos coordinados de los 3 niveles de gobierno, a si que deben de crearse los mecanismos para poner en total sintonía al MP con las demás corporaciones por que la constitución lo cita como mando en ejercicio de sus funciones, los MP deben portar arma, no tienen portación.

Además las corporaciones deben respetar la coordinación y cadena de mando, según las bases de Sistema Nacional de Seguridad Pública, pero lo importante es que se reforcé la figura del Ministerio Publico y de los comandantes investigadores que lideren acciones conjuntas que den resultados satisfactorios a la sociedad, también debe cambiarse el reglamento de portación de armas para las corporaciones del orden, tienen que desecharse todas las armas viejas y obsoletas y todos las policías deben portar arma de cadera.

¿Políticas de Seguridad Pública rígidas es bueno?

Las políticas que actualmente rigen en materia de seguridad Pública en todo el país me parecen demasiado rígidas, rayan en acoso laboral, ya que los policías naturalmente de estar regidos por el marco legal que indica la constitución, el código penal y demás reglamentaciones, son sometidos al polígrafo prueba ilegal en México, solo te vuelve un experto en burlarlo, examen patrimonial van a revisarte tu casa y aun viéndola modesta si no les firmas la revisión te reprueban, examen de entorno social, le creen a todos los chismes que les cuenten y también podrías quedar descartado, creo que para la selección de policías con los exámenes psicológicos, médicos, físicos psicométricos, antecedentes no penales es suficiente, porque resulta ridículo que miles de policías que aprobaron 10 exámenes de selección, están ahora en la calle a disposición de quien, con entrenamiento profesional en combate e investigación y lo peor del caso boletinados, para que nadie los contrate nuevamente, cuando es un juez el indicado para determinar en una sentencia cuantos años estas suspendido para desempeñar una profesión en caso de ser policía con sentencia en firme ya no puede ser policía.

Los estados y municipios deben de establecer criterios propios de selección personal policial, porque aquí es donde van a trabajar, las políticas policiales que vienen de arriba, está claro que no les han funcionado son mas parecidas a la santa inquisición y otra cosa si son buenas estas pruebas porque no se las hacen a otras profesionales, políticos y oficios de orden público, donde también se requiere lealtad en el servicio público y profesional.

Si quieren armar una nueva policía que la crea un nuevo estratega en seguridad.

Que insistencia por enjaretarle una nueva policía mas al estado, por parte de la federación, si actualmente ya existe la policía federal división caminos, puertos y retenes, los militares, los marinos, migración, SAT hacienda, PGR con su ministerio publico de la federación, policía federal ministerial AFI, la SIEDO, la PROFEPA-SEMARNAT que también realiza operaciones preventivas ecológicas y de preservación de la vida silvestre, policías propias de los estados como la policía estatal preventiva, la procuraduría general de justicia del estado con su ministerio publico del fuero común y policía ministerial del estado, las policías municipales, las guardias rurales militarizadas, policías auxiliares en algunos ejidos, jueces auxiliares en todos los ejidos, consejos ciudadanos de seguridad publica en todas las cabeceras municipales, que casualmente serán estos los que señalaran a la autoridad, donde se están presentando problemas de seguridad publica en la comunidad, entonces que pasa, falla el liderazgo del grupo, se sabotean unos a otros, hay protagonismo, egoísmo de compartir información, se actúa lenta y deliberadamente, no se respetan entre corporaciones, esto es real y se remarcan las diferencias si las corporaciones son de gobiernos de partidos políticos antagónicos, no pongamos en riesgo la seguridad publica, no caigamos en la anarquía, no a los linchamientos y escarnios públicos, no a juicios sumarios, el país ahora es casi un estado de excepción por tanto reten, interrogatorios sin orden ministerial o judicial, revisiones ilegales o injustificadas, todas amparadas en es por su seguridad o perdón lo confundimos etc. etc. Entendemos la preocupación de la federación por la seguridad y todos pienso estamos haciendo algo por cooperar y apoyar al presidente, pero pienso es hora de cambiar estrategas en materia de seguridad publica, solo que eso ya no va a pasar, incluso varios candidatos a la republica, dicen continuara la batalla.

Cuestión de actitud.

Que pasa con la actitud en materia de seguridad publica, por que se equivocan y vuelven a equivocarse nuevamente con los mismos errores, la experiencia no les dice algo, ¿no les indica una nueva ruta que tomar a caso?, porque ignoran los avisos, donde esta la labor preventiva, dejen los intereses personales, para que puedan actuar o acaso ya están bien involucrados y comprometidos y ya les imposible meter las manos por la población, que los puso en ese sitio para que actuaran a favor de ella, no soslayen su obligación como servidores públicos, si no sienten valor para defender a la gente que conforma la patria, dejen sus puestos dimitan, no estén allí solo cobrando sueldos, solo escondiéndose de la gente, cuando los requiere, les pide ayuda, los que se queden al frente de la situación con buena actitud nacionalista hasta el final, la patria se los recompensara con mucho orgullo nacional, porque la gente distingue la decencia de la hipocresía y los valientes de los simuladores, que siempre tienen un pretexto o se les olvido algo, siempre tienen un buena excusa, para aparentar lo que no tienen, que es valor patriótico y compromiso con los demás.

Reforzar la seguridad publica en los municipios.

Hace días advertí una declaración a un periódico de CD. Valles de un presidente municipal del interior de la Huasteca potosina, en relación a su cuerpo de policía municipal a la cual se refería que a esta no la armaría (con armas de fuego), que la mantendría solo con equipo táctico preventivo léase chaleco, tolete fornitura con esposas y gas lacrimógeno, argumentando el presidente municipal que la policía municipal solo estará para labores preventivas, para aplicar el bando de policía y buen gobierno a sea para cuestiones administrativas.

El artículo 21 constitucional en uno de los párrafos dice, "La seguridad pública es una función a cargo de la Federación, el Distrito federal, los estados y municipios que comprende la prevención del delito, la investigación y la persecución para hacerla efectiva", también dice "Las Instituciones de seguridad pública serán de carácter civil, disciplinado y profesional, el ministerio público y las instituciones policiales de los tres órdenes de gobierno deberán coordinarse entre si para logar los objetivos de la seguridad pública y conformaran el sistema nacional de seguridad pública que estará sujeto a bases". Por lo tanto debe de reforzarse la seguridad publica en los municipios para poder prevenir, investigar y la persecución del delito, vamos que no decaiga el ánimo todos queremos una policía profesional, o con buena técnica, digo cuando nos pasa algo queremos a alguien de seguridad pública que nos auxilie, nos ayude, nos guíe, nos resuelva un problema sin complicarnos más la vida, porque cuando la seguridad publica auxilia no distingue cuestiones tipo personal, solo lo hace de acuerdo al marco jurídico (garantías individuales).

Rápido y mugroso

El operativo rápido y furioso en México por parte de los E U, si bien esas practicas encubiertas en EU, por lo regular son exitosas y cuentan con apoyo gubernamental y jurídicas, las autoridades de EU, no tomaron en cuenta el marco jurídico de México, que prohíbe operaciones encubiertas, que propicien el delito, es decir tu como autoridad mexicana, no le puedes tender una trampa a un criminal dejándolo distribuir armas de fuego a diestra y siniestra, si acaso, dejar que el criminal, que venda una o dos, para tener pruebas, pero cientos no, con el fin de rastrearlas, ni un juez federal te daría permiso, lo que tienes que hacer es detenerlo de inmediato, si lo detectas vendiendo armas de fuego o introduciéndolas al país, lo que se hubiera hecho era detenerlas de inmediato en la frontera de México, cuando las autoridades de EU supuestamente avisaron a México y claro EU ya arresto en su territorio a los compradores y vendedores originales de las armas de fuego que se enviaron y se perdió el rastro en México, EU dice y dice bien México, sabia de la operación rápido y furioso, si pero muy tarde se dio cuenta el funcionario mexicano del error cometido cuando supuestamente se dio por enterado y permitió el operativo rápido y furioso, percatándose el gobierno mexicano que se habían cometido muchos delitos y violaciones de procedimientos al desarrollarse el mencionado operativo en México y lo que ve ahora E U es lo bien que encubrimos a los enterados de rápido y furioso en México y pues no tiene ni caso conocer mas del tema es algo que nos deja mal parados: porque de ninguna manera los encargados del operativo rápido y furioso en México van aceptar, que sabían del mencionado operativo y su desarrollo en territorio nacional, porque esto los obligaría a renunciar en el mejor de los casos y a otros los dejaría a un paso de un proceso penal por ejercicio indebido de atribuciones y facultades, delincuencia organizada, abuso de autoridad y lo que resulte.

Constitucionales y válidas operaciones encubiertas de Policía Federal: Corte

El Pleno de la Suprema Corte de Justicia de la Nación (SCJN) validó, por mayoría de votos, el que la Policía Federal lleve a cabo **operaciones encubiertas y de usuarios simulados para la prevención de delitos**, siempre y cuando respete los lineamientos que establezca el reglamento, el cual deberá ser elaborado por el ejecutivo federal que puede establecer las reglas para el trabajo encubierto de la policía.

Parte medular de un proceso penal llámese de delincuencia organizada o de cualquier otro es como fue detenida o detenidas las personas consignadas ante un juez, si la policía los derrotó, por así decirlo conjuntando todas las pruebas incriminatorias de una forma limpia, clara, conforme a derecho, obteniendo la policía mediante su ministerio publico todas las ordenes judiciales llámese cateos, intervención de cuentas bancarias, grabación de llamadas telefónicas, comparecencias tipo judicial, obtención de ordenes personales para obtener pruebas de voz, huellas digitales, pruebas de ADN, mientras todo lo anterior se cumpla, difícilmente el abogado defensor podrá hacer algo por el inculpado, el abogado defensor siempre aprovechara los errores de la policía y del ministerio publico en el procedimiento de detención de un presunto delincuente, si este fue detenido en el interior de su domicilio, cuando este realizaba una transacción de drogas con un supuesto negociante de droga y aparece la policía irrumpiendo en el domicilio, pero de alguna manera se escapa el comprador de droga y solo es atrapado el proveedor de la droga y es puesto a disposición del ministerio publico, donde claramente la policía le puso una trampa con un falso comprador de drogas, obviamente que el abogado defensor podrá poner en libertad casi de forma inmediata a su detenido o en el proceso penal, un juez dictaminara violación de sus garantías individuales en el proceso de detención, claro dependiendo de la sagacidad del abogado, lo que se pretende ahora con las operaciones encubiertas da la policía es utilizar usuarios simulados, donde agentes de la policía serán falsos viciosos o narcotraficantes de drogas, comerciantes de armas de fuego, trata de blancas o según el caso a investigarse, creo que no es lo mas acertado. El policía encubierto después de la detención será el principal testigo del delito cometido y la autoridad no podrá protegerlo de la mafia por toda la vida, no puedes combatir el delito propiciando o provocando otro y cometiendo mas delitos, además que para ser agente encubierto hay que saber mentir, una seria contradicción porque a la fecha han dado de baja a muchos agentes porque dizque no pasan el detector de mentiras o no son confiables, señores lo que yo digo es que eliminen dicha prueba del polígrafo a la policía y la dejen haga su trabajo, claro eso si están de acuerdo de que la policía haga su trabajo, porque pareciera que con sus acciones se las entorpecen mas, claro entiendo que con alguien ay que quedar bien, mantener el equilibrio de la republica, pero la decencia debe permear ya a todos ahora en el país.

De la misma forma, los ministros declararon como constitucional la facultad que le confiere la Ley de la Policía Federal al Comisionado General de **autorizar operaciones encubiertas y de usuarios simulados para desarrollar operaciones de inteligencia para la prevención del delito**, que harán aquí en la prevención del delito, los agentes encubiertos se rolaran en el crimen organizado para enterarse de las actividades ilícitas de la mafia como agentes espías, dobles agentes, informantes del hampa, tendrán que matar o drogarse cuando la mafia los ponga a prueba o acaso luego tendremos un incidente mas de policías federales enrolados en los carteles, no olvidemos que los militares que se integraron al cartel del golfo, siendo policías judiciales federales con grados de segundo subcomandante(Z), posteriores zetas.

Así, el Alto Tribunal resolvió la acción de inconstitucionalidad 48/2009 promovida por la Comisión Nacional de los Derechos Humanos en contra de diversos artículos de la Ley de la Policía Federal y la Ley Orgánica de la Procuraduría General de la República, al argumentar que resultan contrarios a la Carta Magna.

Los ministros indicaron que se debe considerar que las garantías de certeza y de seguridad jurídica, reconocidas en el artículo 14 constitucional, consisten en el derecho del gobernado de ser sujeto a un juicio en el cual pueda dilucidar sus derechos, ante tribunales previamente establecidos, en el que se observen las formalidades esenciales del procedimiento y que el fallo correspondiente, se dicte de conformidad con leyes expedidas con anterioridad al hecho o circunstancia que motivó el juicio, claro eso no se discute el problema lo ocasionaría un reglamento del ejecutivo federal que resultara ambiguo y contradictorio de la constitución, que ocasionaría que gente fuera a la cárcel de 2 días a un año, mientras decide un juez si se puede sentenciar o no al presunto culpable, porque hubo violaciones de sus garantías individuales en su detención, entonces que se pretende asustar solamente a la mafia que puede o debe saber que únicamente va ir un año a la cárcel, porque va a poder salir, por un reglamento de operaciones encubiertas a todas luces ilegal, que se podrá rebatir y ganar.

Las operaciones encubiertas ponen en riesgo los Derechos Humanos, se sugieren que su implementación sea reglamentada detalladamente, cosa que se torna imposible, porque una operación encubierta significa, engañar, cometer delitos por el policía encubierto como comprar, cambiar, vender, armas de fuego y drogas, invertir millones de pesos o millones de dólares en el lavado de dinero o comprar toneladas de droga, digo, claro de forma encubierta, de mentiritas, consumir drogas, proporcionar armas a mafiosos, invadir y espiar domicilios particulares o convertirte en doble agente y jugar con la ley y con la mafia.

El jurista Samuel González Ruiz consideró como una sentencia temporal el aval que dio la Suprema Corte de Justicia de la Nación (SCJN) para que los operativos encubiertos de la Policía Federal (PF) se realicen conforme al reglamento emitido por el Ejecutivo federal.

La Comisión Nacional de los Derechos Humanos (CNDH) promovió una acción de inconstitucionalidad ante la Corte en contra de diversos artículos de las Ley de la PF, sobre todo en materia de operaciones encubiertas, al considerar que las bases para estas acciones deben ser establecidas por el Congreso de la Unión a través de una ley,

En contraste, por mayoría, los ministros de la Corte aprobaron que esos operativos se realicen conforme a los lineamientos del reglamento emitido por el Ejecutivo federal.

Lo anterior, explicó el ex fiscal antidroga, contraviene lo establecido en materia de garantías individuales por la Corte Europea y la Corte Interamericana de Derechos Humanos (CIDH), que establecen que la ley tiene que ser formal, material, y tener la característica de ser previsible.

La resolución de la Suprema Corte va a tener vigencia hasta que entre en vigor la reforma que eleva a rango constitucional los derechos humanos. En el momento en que se publique, todo mundo vamos a poder alegar que una acción encubierta es inconstitucional, porque no cumple con los criterios de los tratados internacionales.

Samuel González Ruiz, quien ha sido asesor interregional para asuntos de justicia penal de la Oficina de Naciones Unidas para las Drogas y el Delito, afirmó que las operaciones encubiertas son constitucionales y conformes con tratados internacionales, no así el reglamento.

La acción de inconstitucionalidad presentada por la CNDH argumentaba que no estaba suficientemente regulada en la manera de hacer las operaciones encubiertas, porque faculta al comisionado de la Policía Federal para hacerlas, en consecuencia no dice cómo se van a regular, comentó.

Por separado, el doctor en Derecho Miguel Carbonell dijo que hubiera sido oportuno que el Congreso de la Unión realizara un mejor trabajo al momento de reglamentar las operaciones encubiertas, pero confió en que, en el reglamento, el Ejecutivo detalle cómo se llevarán a cabo, porque son operaciones muy delicadas que en la práctica pueden violentar derechos humanos.

Son operaciones delicadas, muy necesarias y que ocurren en otros países democráticos, pero tienen que estar muy bien reguladas, si no se pudo en la ley, por lo menos en el reglamento, claro que estas operaciones encubiertas, en la práctica pueden resultar violatorias a los derechos humanos, pero es mucho mejor que estén bien reglamentadas, afirmó.

El investigador del Instituto de Investigaciones Jurídicas de la UNAM sugirió que el Congreso de la Unión haga una evaluación en seguimiento a la ley y, en su caso, proceder a hacer las modificaciones que correspondan.

Es difícil que por ahora el sistema político mexicano se defina bien en nuestros asuntos internos, donde no esta bien determinados los criterios a seguir y dan oportunidad de discusión, se puedan rebatir, se pueda amparar los indiciados, exista esa flexibilidad de la ley y vacíos legales, ese estira y afloja de los actores obligados a emitir un juicio como siempre dan sentencias que no dejan satisfecha a la mayoría de la gente, no queremos pensar que el ejecutivo federal tendrá un reglamento de control y a su conveniencia de la forma en que se llevaran las operaciones encubiertas o ya se llevan acaso?.

CONCLUSIONES

Cambiar la ley de armas de fuego.

Cambiar la ley de armas de fuego para facilitar la instalación de clubs deportivos de caza y pesca, nuevas y modernas armerías, portaciones de armas deportivas, defensivas o seguridad personal, la ley actual contempla que para comenzar únicamente los tramites de un club de caza y pesca, la primera autoridad del lugar te tiene que dar un comentario favorable, así que por cualquier razón te negaran el comentario favorable y al igual ya funcionando el club, con cualquier chisme te lo pueden cerrar, esto debe cambiar, no porque la gente quiera practicar con armas de fuego, ya es un guerrillero, terrorista, insurgente, narco, sicario, por favor vean a nuestro vecino EU, hasta los niños disparan armas de fuego y no tiene el grado de violencia con armas de fuego como en el país, debe de haber mas apertura en relación con las armas de fuego, las armas de fuego son un buen desfogue de energías y emociones, la persona educada respeto a las armas de fuego, por regla general no hace tonterías con ellas, porque sabe del peligro que representan y sabe exactamente cuando podría usarla, es bastante importante que las portaciones particulares de armas de fuego, se den sin tanta traba burocrática para empresarios, comerciantes, para policías en días francos tengan una arma para defensa personal y personas civiles que consideren necesitan protección adicional en sus hogares, porque la seguridad publica no alcanza a cubrir mucho territorio nacional y es vulnerable, con la apertura de las armas de fuego, muchos jóvenes tendrían empleos como instructores, otros practicarían deportes con armas de fuego y la población en general aficionada a las armas de fuego, tendrían un lugar en los polígonos de tiro, para practicar su deporte favorito, sin infringir la ley y sin causar daños al medio ambiente, a veces la solución a un problema se remedia con el mal que lo causo.

Apoyo constante a los jóvenes y madres solteras.

Ya se comienza a ver la preocupación de los gobiernos, por sus jóvenes apoyándolos con la preparatoria, universidades y becas para los menores, es importante aumentar la ayuda a los jóvenes y madres solteras, para que en un termino de 10 años, hallamos cambiado la percepción y disminución del crimen es importante, que ya se vaya cortando el suministro de jóvenes a la delincuencia, para que cada año sean menos los jóvenes abatidos en combate o encerrados en cárceles, es necesario que cada vez integremos mas jóvenes a la vida socialmente productiva, no hay que dejarlos echar a perder en el crimen.

Mantener de 25 a 35% de flujos de drogas.

Más o menos se ha bajado a esta cifra con todos los retenes y operaciones policíacas en los estados, creo que con esta cifra 25-35% es suficiente para cubrir el mercado nacional e internacional de drogas, porque la presión por demanda de drogas de calidad, por Norteamérica y Europa, sobre el país es demasiada a la mafia distribuidora de drogas a nivel mundial, lo menos que le importa es el dolor que causa la producción y el trafico de estas por el territorio nacional.

El mercado nacional y consumo local de drogas ya es elevado, el turismo, el narcoturismo, los consumidores nacionales, dejan muchas ganancias al sector empresarial y en los pueblos productores de estupefacientes, definitivamente tiene que haber cierta tolerancia en la producción de drogas en ciertas regiones del país y de trasiego de drogas, nos engañamos con un combate interminable cuando la frontera sur es completamente porosa, el mar abierto es difícil de cubrir y los vuelos rasantes de Centroamérica son indetectables al radar, además que en el territorio nacional no esta penalizado el consumo de drogas, pero si suministrar drogas a los toxicómanos, el gobierno federal incita al delito de la venta de drogas, al dejar el mercado libre, pues debe regular la producción y suministro de drogas a los toxicómanos, como ya lo han hecho algunos estados de EU y varios países de Europa.

El mantener una batalla interminable contra las drogas, no me parece lo mas correcto, porque los carteles clásicos y conocidos, que responden a las acciones policíacas de la autoridad, saben que otros tipos de carteles soft de bajo perfil, se benefician del mercado de las drogas, que en ciertos momentos de la batalla quedan vacantes, tiene que haber una regulación del mercado de manera formal o informal, como se estilaba, para que cesen los pleitos y batallas, porque mientras los toxicómanos y las personas, que utilizan las drogas para fines recreativos demanden el producto, siempre habrá y aportaran dinero a las mafias mundiales, las cuales pueden patrocinar batallas con su dinero, donde haga falta o donde intente la autoridad cerrarle el paso a las drogas.

Mantener cierta tolerancia en el cultivo de estupefacientes, mientras la gente encuentra alternativas de vida o la economía mejora, el pretender cambiar las costumbres de las personas, sin antes ofrecerles alternativas de trabajo es una equivocación, envías a las personas a la pobreza extrema y a confrontar a la autoridad o ha estar en oposición a ella.

No hostilizar a la policía.

No molestar a los policías, no pretender una policía perfecta, cuando los gobiernos aun no le han elevado la calidad de vida a sus habitantes, ni alto valor adquisitivo como los países de primer orden y porque los políticos, no se someten a las mismas pruebas de probidad de los policías, como el polígrafo, el cual solo se debe de aplicar a los policías como parámetro únicamente, no se debe de aplicar como pretexto para despedir al policía, porque el polígrafo solamente indica el estado de emoción actual de la persona, por esa razón no se permite como prueba para juicios criminales, entonces porque la autoridad engaña a la gente diciendo que despidió a policías mentirosos, cuando el polígrafo no se utiliza para cosas mas importantes como juicios penales, pruebas a políticos, pruebas a profesionistas, pruebas a predicadores de la diferentes religiones o pruebas en comparecencias de secretarios de estados, ciertamente el polígrafo si indica un estado emocional, que podíamos decir, que es de una persona que esta mintiendo, pero el mentir es inherente al ser humano, no se lo puedes quitar, se lo puedes moldear, es una forma de defensa, de llevar y de conducir las cosas transitoriamente en la vida, claro si se miente sistemáticamente, entonces la persona pone en riesgo su calidad de vida, es como cuando abusamos de alguna otra característica personal, como la agresividad, la sexualidad, la mezquindad o generosidad, además el polígrafo se puede engañar controlando tu estado emocional no le darás los parámetros que el polígrafo necesita para mostrar que eres un mentiroso, pero también te reprobara porque no le diste las suficiente reacciones cardiorespiratorias y galvanicas que necesitan, como esperan que un policía que no sabe mentir, convenza aun criminal a que se entregue, aun sabiendo el criminal que el policía le esta mintiendo.

El mentir es una defensa personal, el policía que domine el arte de engañar y mentir, será buen negociador en crisis de secuestro, casos de violencia intrafamiliar, misiones encubiertas, investigaciones en territorio peligroso, sin apoyo, ni tecnologías, el mentir no esta prohibido siempre y cuando sea en beneficio de la sociedad, toda persona que mienta a la autoridad o que la mentira de la persona sea la comisión de un delito, esta contemplado en la ley su castigo.

Si el gobierno esta despidiendo a los policías que ya había contratado, a los cuales ya los había evaluado y contaban con cierta antigüedad de cierta manera ya estaban encarrilados en su trabajo policial, es tonto que los despidan, nada mas porque no les van a dar el subsidio federal al estado, porque no han aplicado el polígrafo a la policía, si la policía comete delitos es porque alguien se los tolera, la policía no se manda sola y todo policía que se desvía del camino lo hace por su propio riesgo de ser descubierto y aprehendido, porque ya conoce la ley, si el gobierno esta despidiendo a policías mentirosos, pero sin delitos comprobados y a policías agresivos sin delitos comprobados o no esta contratando sujetos agresivos controlados para la policía, no es difícil deducir, quien si les esta dando trabajo.

Los exámenes de control de confianza únicamente deben ser aplicados a los mandos medios y superiores, porque ellos son los que controlan, mandan, amonestan, castigan, reprenden, felicitan, condecoran, arrestan o despiden al personal de tropa policial, no es necesario aplicar los exámenes de forma generalizada, son muy excesivos, no puedes exigir perfección total en todo el personal por el mismo precio, es como si en cualquier otra dependencia de gobierno como los hospitales, secretaria de educación, hacienda o los congresistas con todo su personal, donde también se requiere exámenes de probidad, se los aplicaras de forma generalizada, es obvio no los aprobarían la gran mayoría.

No a la militarización de la policía.

Temporalmente es buena medida, por ahora la mayoría de las policías municipales esta contratando a militares en retiro, para ocupar las plazas de los civiles de las direcciones generales de la policía en los municipios, creo que la medida obedece a que el ejercito, no quiere obedecer directivas de los directores de las policías municipales, directivas o acuerdos, que se toman en los consejos municipales de seguridad publica, donde participa el ejercito, anteponiendo siempre los militares, que las policías municipales están corrompidas y se les hace mas fácil comunicarse, si hay un director de policía municipal de origen militar, medida sujeta a discusión porque los militares no son agentes investigadores policíacos, la policía civil tiene mas contacto con la población, que los militares en el servicio activo, los militares son muy disciplinados, por lo que anunciaran cualquier acción que pretendan hacer, no tomaran medidas contra los de lavado de dinero instalados en el municipio y no actuara contra funcionarios corruptos.

El ejercito no debe permanecer mucho tiempo en las calles, el ejecito sale a las calles por orden presidencial, se le indica combate a la delincuencia, el ejército entiende, bueno, puedo eliminar a los delincuentes al fin y al cabo tengo ordenes de arriba, si una autoridad militar le ordena a la tropa maten a los delincuentes, la tropa obedece, toda acción militar esta justificada, porque es a favor de la patria, al militar que se le ordena elimina a esa persona, pues lo hace, por eso fue entrenado para recibir ordenes sin discusión y los ministerios públicos cuando arriban a una escena criminal encontrando un tiraredo y desorden, pues ya ni se molestan en investigar, la diferencia entre un militar y un policía al atrapar a un criminal, es que el policía procurara atraparlo con vida, el militar aplicara métodos de guerra, claro estoy de acuerdo con sus acciones a favor de la sociedad, pero definitivamente en sus acciones, siempre deben de estar acompañados de policías de carácter civil.

Además, cita el artículo 21 constitucional que las policías serán de carácter civil. Articulo 21 ´´ La actuación de las instituciones de seguridad pública se regirá por los principios de legalidad, objetividad, eficiencia, profesionalismo, honradez y respeto a los derechos humanos reconocidos en esta Constitución. **Las instituciones de seguridad pública serán de carácter civil, disciplinado y profesional**.´´

No a la policía única.

Estas policías únicas, guardia nacional, policía nacional son policías militares disfrazadas de civil, solo funcionan en dictaduras, monarquías, países con guerras permanentes, gobiernos autoritarios, EU el país mas poderoso y modernizado del mundo no tiene policía única, tiene policías especializadas como debe ser, muy profesionales en sus deberes, se respetan los ámbitos de trabajo, comparten información, en el territorio nacional debe permanecer la policía municipal, pero sus prestaciones sociales, deben regirse por una ley estatal que les de seguridad laboral y sistema de retiro.

En el país no puedes instalar una policía única, porque es una nación en desarrollo y todavía no puedes aplicar cero tolerancia de la ley, no puedes aplicar la misma ley en todo país, donde existen diversos usos y costumbres, en que la gente gana un salario mínimo y zonas ricas del norte, centro y golfo, donde el poder adquisitivo de la gente es mas alto, en algunas zonas del territorio no puede entrar la policía a investigar nada en absoluto, para exigirle a la gente respeto por la ley, nuestros políticos deben hacer lo propio, porque si el pueblo es irrespetuoso de la ley y sus funcionarios corruptos, el pueblo seguirá instalando gobiernos corruptos, que le toleren su mala conducta, así que el avance y combate a la corrupción debe ser por pasos y gradualmente, como vaya mejorando la situación económica del país por buenas acciones gubernamentales, también se ira pidiendo el respeto a la ley y aplicando la constitución, un poco mas fuerte.

La acción del gobierno actual obedeció a acciones extremas, que se debían tomar, un mal que se gesto en 12 años de descuido gubernamental de las carreteras federales, fronteras y de haber debilitado a la policía judicial federal, que se hacia cargo de delitos federales como trafico de armas, personas y drogas.

Jefe investigador con personal comisionado.

Considero que si el país quiere tomar un rumbo decente, debe compartir el poder con la policía al lado del gobierno, no debajo de el, como se estila, sumiso, sin opinión, censurados, vetados para hablar con la prensa de cualquier problema, pienso que un investigador en jefe con personal comisionado, que se encargue de situaciones especiales, que trabaje al lado del director de policía local o municipal en plena coordinación con autoridades civiles, militares y el presidente municipal, claro haciendo a un lado protagonismo y susceptibilidades de algunos. Se antoja difícil, porque nuestro sistema económico y político, esta permeado por el lavado de dinero y no permite intromisiones, ni gente que les vaya ha husmear el negocio, por lo que la decencia tendrá que esperar un poco mas.

Triple play de leyes

Concretar y aprobar un triple play de leyes, como es la ley del narcomenudeo, la ley del lavado de dinero y legalizar o tolerar por zonas o territorios del país, la venta y producción de estupefacientes, claro también es importante sellar la frontera sur, ya que a la fecha es totalmente permeable, es necesario tomar estas medidas o al menos intentarlo, porque la gente que consume estupefacientes demanda demasiado producto, ya que esta permitido consumir drogas en el territorio nacional, claro solo portando dosis personales de estupefacientes, lo que la ley prohíbe es la venta y producción de las mismas, creándose un circulo vicioso donde la autoridad combate a narcotraficantes y luego ellos contestan con violencia al enterarse, que la ley o gobiernos benefician a ciertos carteles o gente allegada a los gobiernos, desplazándolos de negocio de las drogas, creándose férreas batallas y presión sobre los gobiernos y poblaciones enteras.

Referencia Bibliografía.

•   Ressler, Robert K y Shachtman, T. (2005). Asesinos en serie. Barcelona: Ariel.

www.ingramcontent.com/pod-product-compliance
Lightning Source LLC
Chambersburg PA
CBHW020242290526
45784CB00003B/1072